儲けを生み出す人事制度7つのしくみ

感動の人事制度はこうつくれ！

有限会社 人事・労務
矢萩大輔
畑中義雄
瀧田勝彦
金野美香

Nanaブックス

カバーデザイン◎渡邊民人
本文ＤＴＰ　◎野津淳子／小林祐司
（ＴＹＰＥＦＡＣＥ）

はじめに

「うちの社員は、どうして何度も同じことをいわせるんだろう。ホント、いやになってくるよ」よく社長から聞かされる言葉です。社長の多くは、暇さえあれば自分の考え方を社員に伝えているといいます。しかし、そう簡単に社員に〝おもい〟は伝わりません。このような社長と社員のズレから生じる損失が、会社でどれほど日常的に起こっているか、想像できますか？

「会社の業績や風土、そして人間関係は、何が要因でよくなったり、悪くなったりするのか」。私のコンサルティング活動は、この答えを探し続けた一〇年間といっても過言ではありません。最近、顧問先の企業、何より自分の会社を通してわかってきたことは、そういった会社で起こっているすべての事柄は、社長と社員の〝おもい〟が形となって表れたものだということです。業績が上がらないのは、社長の〝おもい〟が原因なのです。また、優秀な社員が辞めていくのもすべては社長自身の問題です。世間や景気などの問題は、二の次なのです。

会社をうまく運営するためには、その〝おもい〟に二つ条件があります。一つは、その〝おもい〟を社長も社員も強く抱いているということ。「○○を成し遂げたい」「△△で社会に貢献したい」という強い〝おもい〟がなければ、何ごともうまくいきません。そして、もう一つは、

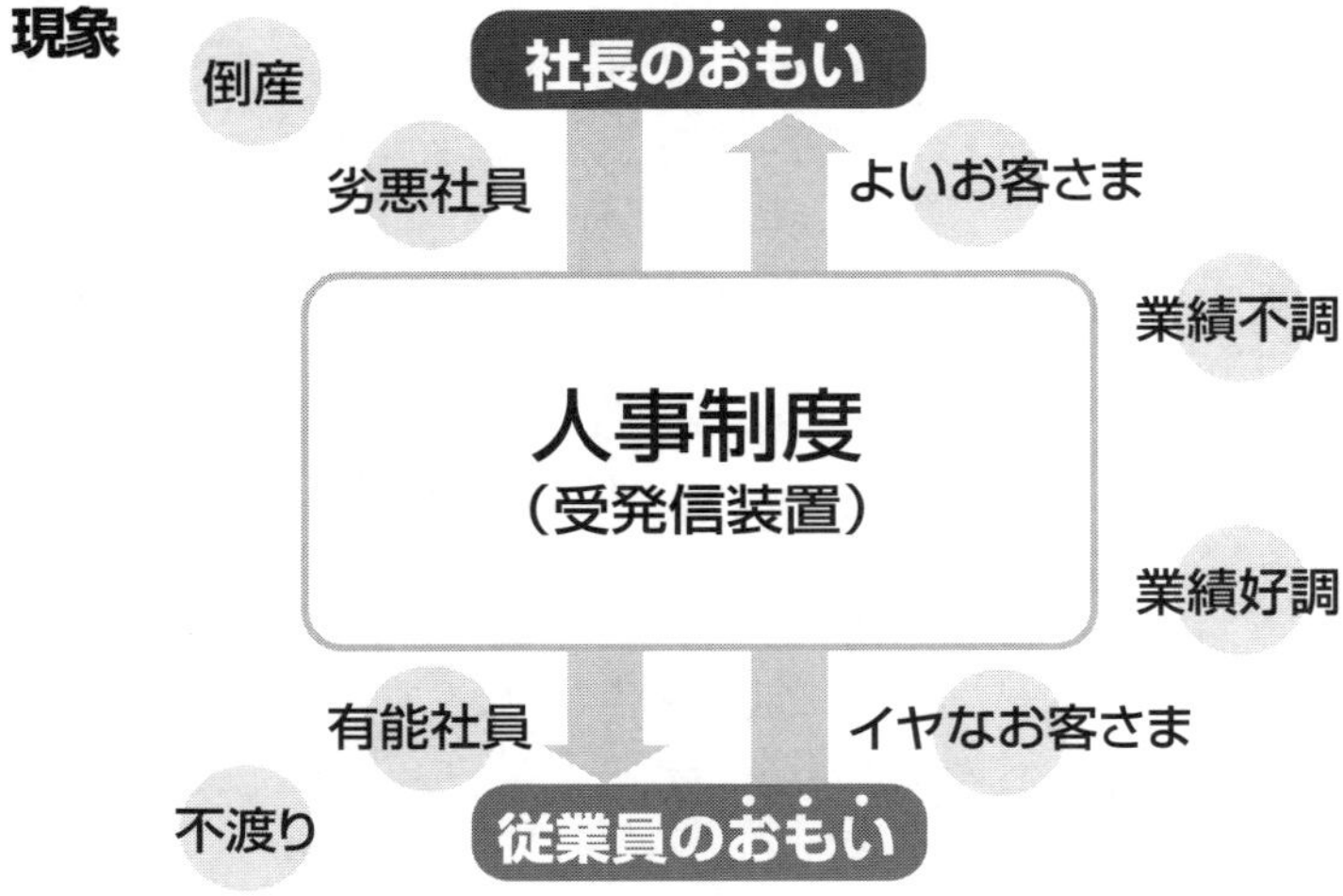

その強い〝おもい〟が社長と社員に共有され、正しい方向に導かれていること。

　そのために、社長と社員の〝おもい〟を通わせるための唯一の装置として人事制度が存在しているのです（上図参照）。ですから、この装置が錆びついていたり、壊れたままでいると、社長と社員の〝おもい〟が通わなくなり、さまざまな問題が噴出して、よい業績が継続しなくなるのです。

　会社をよくしたいと思うなら、社長自身が経営理念をもう一度渾身の力を込めて発信し、人事制度を通して社員へ〝おもい〟を伝え続けなければなりません。そしてその〝おもい〟が部下に伝われば、部下に新たな〝おもい〟が生まれ、その〝おもい〟が人事制度を通して社長に伝わり、そこで再び新たな社長の〝おもい〟をつくり出すことになるのです。このような好循環があれば、周りによい現象、すなわちよい人間関係や好業績をどんどん生み出していくことができます。

本書では、社長と社員の〝おもい〟の好循環を生むための装置のつくり方を紹介していきます。〝おもい〟が強まり、通い合えば、必ず会社は変わってきます。一社でも多くの会社に、一人でも多くの社長に、そして一人でも多くの社員にこのことを感じていただければ幸いです。

今回の執筆にあたり、日頃から賃金理論のご指導をいただいております日本大学法学部の谷田部光一教授、さまざま資料や意見を出していただいた弊社の下田直人さん、そして企画から一貫して明るい笑顔で、適切なアドバイスをいただきました株式会社ナナ・コーポレート・コミュニケーションの青木真利子さんに心から感謝の意を述べたいと思います。

有限会社人事・労務　代表取締役　　矢萩大輔

儲けを生み出す7つのしくみ　感動の人事制度はこうつくれ！●目次

第5章

「7つのしくみ」その4 社員と共有したい「人事考課」の本当の意義

第6章

「7つのしくみ」その5 社員と共有したい「処遇制度」の本当の意義

第7章
「7つのしくみ」その6 社員と共有したい「配置転換制度」の本当の意義

第8章
「7つのしくみ」その7 社員と共有したい「教育研修」の本当の意義

序章

成長企業の絶対的な共通点は「社員満足の実現」だ

あなたはあなたの会社の社員にどのような思いを持っていますか？　「せっかく何かの縁で同じ会社で働くことになったのだから絶対にいい人生を送ってほしい」と思いますか、それとも「たまたま同じ会社になっただけで、いずれ会社も辞めてしまうだろうから、会社では給料分だけ仕事をしてくれれば文句はない」と思いますか。

もしあなたの思いが前者なら、あなたの会社は社員の成長と共に、今後大きく成長していく可能性があります。社員一人ひとりの顔を思い浮かべながらじっくりこの本を読んでください。もしあなたの思いが後者なら、残念ながらあなたの会社は、この世の中を生き残るのは難しいでしょう。

私たちは、経営・人事コンサルタントとして中小企業を中心に多くの会社の人事戦略の策定、賃金・評価制度の構築、運用に携わってきました。人事の現場では、一時の成果主義一辺倒の流れが終わり、「やはり日本型終身雇用制度がよかった」「いや、アメリカ型の実力主義、成果主義の人事制度が勝ち組の制度だ」など、いろいろな考えが混沌と交じり合って、誰も「この制度が一番よい制度だ」といい切れない状況になっています。

そもそも人事戦略とは何のためにあるのでしょうか？

答えはごくごく当たり前なものです。**「会社が儲けを生み出し、成長する」**ために、人事戦略は考えられるものなのです。この本来の目的を忘れてしまって、ただ単に「成果主義がいい」「終身雇用がよかった」などと流行を追った制度をつくってみたとしても、よい結果が出るわけがありません。仮に、一時的によい結果が出たとしても、それは長続きしないでしょう。

少し前までは「小さな会社」はどれだけがんばっても、「大きな会社」にはかないませんでした。たとえいいアイデアを持ち、あるいは、いい商品を開発できたとしても、「小さな会社」であったなら、すぐに「大きな会社」のブランド力、資金力によって、あっという間に抜き去られることがほとんどでした。

しかし、今は完全に**「速い会社」が「遅い会社」に勝つ時代**になりました。そこには会社の規模の大小などは、まったく意味を持たなくなっています。

これから成長する会社はまさしく「速い」会社なのです。そして今、目覚ましいスピードで成長している「速い」会社には絶対的な共通点を見ることができます。

それは、

今成長している会社の絶対的共通点＝「社員満足（ES）が高い会社」

ということです。

よく**顧客満足**（CS＝Customer Satisfaction）を実現することができる会社がいい会社だといわれます。ただし、本当に顧客満足を実現できる会社とは、そこで働く社員がその会社のことを愛し、そこで働くことを誇りに思い、満足している会社なのです。**社員満足**（ES＝Employee Satisfaction）が達成できなくて、本当の意味で顧客満足など実現できるわけがありません。社員が満足して働ける環境をつくることが、これから成長を目指す会社には絶対に必要です。なぜなら、社員がその会社のやろうとしていること（経営理念）を理解し、そのサービスや商品を心の底から「いいものだ」と感じて初めて、「自社のすばらしいサービス・商品をお客さまに味わってもらいたい」「お客さまに私たちのサービスで満足してもらいたい」「このような活動を通して社会に貢献したい」と思って、お客さまに接することができるようになるからです。

このような気持ちになった社員はもはや「お金」のためだけに働いているのではありません。自分の仕事にプライドを持って、喜びを感じながら働いているのです。そして、このような社員は自分がどう行動すべきか、こまかな指示がなくても理解しています。そればかりか、彼らは「会社が経営理念を実現し、もっと成長するには何をすべきか」を考え、そのための新しい方法やサービスを次々に考え出し、実現していくのです。このような社員が会社の未来を創り出していくのであり、これこそが成長し続ける「速い会社」なのです。当然、この過程の中で社員自身も成長していくことになります。**会社もそこで働く社員も共に成長できるWIN－WINの関係**が、このような「速い会社」にはあるのです。

この本では、実際に多くの成功企業で実践されている「儲けを生み出す」ための「社員満足を高める人事戦略」の考え方と、その戦略をもとに、実際にどのように人事制度を構築・運用していくべきかを紹介します。これらの考え方や手法は、実は私たちが考え出したものではなく、多くの成長企業とお付き合いをさせていただいている中で、その人事の現場から教えていただいたことばかりです。

先ほども述べましたが、「社員満足が高く自律した社員が多い」ことが、現在成長している会社で恐ろしいほど共通している点です。ただ、それらの会社が本当にその成功の法則を知っていて、「社員満足を高める」という人事戦略を明確に打ち出し、人事制度を運用しているのかといわれれば、必ずしもそうではありません。社長の考え方や指導方針、社員の個性や会社の状況などにより、偶然にも社員満足が高い状態になっている、ということも実は多いのです。社員満足を高めるためには、運用する場面でちょっとした「コツ」のようなものが必要です。偶然かもしれませんが、そのような会社ではうまくこの「コツ」をつかみ、実践しているのです。

この本をお読みいただく方には**「社員満足を高めることが会社を成長させる」**ということをぜひ実感していただき、その人事戦略を実践していくための「コツ」もつかみ取っていただきたいと願っています。何度も繰り返しますが、「社員満足を高める」ための人事戦略に基づいた人事制度は（その本質に当の会社自体が気づいているか否かは別にして）すでに多くの成長企業で実践され、成果を上げているのです。逆にいえば、これができなければ今後あなたの会社が成長し続けることは難しいともいえます。

さあ、「会社」と「社員」がＷＩＮ－ＷＩＮの関係となる「社員満足の高い会社」をつくり、会社も、そこで働く社員も、共に成長していきましょう！

第1章

これが社員に感動と喜びを与える「7つのしくみ」だ

1 なぜ「成果主義人事制度」はうまくいかないのか

最近、大手企業のみならず、中小企業からも「いやー、成果主義の人事制度を取り入れたんだけど、なかなかうまくいってないんですよ。人間関係もぎすぎすしてきたし、結局業績も上がらないし、もとの制度のほうがよかったかもしれません」などという声をよく聞きます。

ここ一〇年で、中小企業も含め、数多くの会社が成果主義の人事制度を導入してきました。中には、実質的な賃金切り下げを狙って行われたと思われる論外なものもありますが、多くの会社では「社員にヤル気を出してもらい、会社の業績をアップさせよう」という目的で成果主義の人事制度を導入したはずです。にもかかわらず、「私の会社の成果主義はうまくいってますよ」という声をほとんど聞かないのはなぜでしょうか。

それは、成果主義を導入した多くの会社が「成果主義」という言葉をあまりにも短絡的に解釈し、「成果を上げる」＝「高い賃金を支払う」という部分にスポットをあてすぎているからです。冷静になって考えてみてください。あなた自身、お金のためだけに仕事をしていますか？　一〇〇%そうだ、といい切れる人がどれだけいるでしょうか。もしいたとしても、お金のために、おもしろくもない仕事、いやな仕事を一〇年も二〇年も続けることができるでしょうか。おそらく難しいでしょう。もし、あなたの会社の社員が「お金のためだけに働いている」

のであれば、少しでも条件のよい他の会社が見つかればすぐに転職してしまうはずです。

人事の現場にいたことがある方なら実感されていることだと思いますが、「賞与や昇給といったお金で成果に報いること」は、社員にとって必ず既得権となってしまいます。「去年と同じくらいの成果を上げたのだから、今年もこれくらいはもらえるだろう」「去年の昇給率がこれくらいだったら今年も同じくらいだろう」といった感覚です。しかし現実には、毎年高い昇給率を維持したり、高い賞与を払い続けることは難しいでしょう。ある会社では、業績の特によかった時期に決算賞与として数年間臨時でボーナスを支払っていたのですが、業績が世間一般でいう平均的なレベル（決して悪くなったわけではありません）に戻ったときにその決算賞与を取りやめると、社員から不平不満が噴出し、モチベーションが下がったそうです。それほど、お金で成果に報いることは難しいのです。

これらのことを冷静に考えると、

「成果主義」＝「過去の成果に対してお金で報いる」

という考えでは、会社の業績が伸び続けない限り運用できない、ということが簡単におわかりいただけると思います。

会社という組織は、五年先、一〇年先、二〇年先の成長を見ながら人事戦略を立てなければなりません。「成果」を出した社員によりよい処遇を行うことは必要ですが、将来も「成果」を出してもらうためには、会社として一定の投資をしなければなりません。次の節で詳しく述べますが、社員にはそれぞれの立場において、「今の成果」のための行動を求めると同時に、「将来の成果」のための行動も取ってもらわなければならないのです。そもそも新入社員に「すぐに目に見える成果を出せ」といっても無理な話です。

もちろん、成果主義自体は否定されるものではありません。取り組んだ仕事に結果が出れば、当然、評価されるべきです。そうでなければ、働く者のモチベーションが落ちるのはいうまでもありません。ここで強調しておきたいのは、過去の結果を昇給や賞与といった金銭的報酬だけで評価する「成果主義」は必ず行きづまる、ということです。

では、「過去の成果に対してお金で報いる」だけでない**真の成果主義**とはどのようなものなのでしょうか。それは、お金ではない**「非金銭的報酬」**も社員にきちんと与えることができる成果主義です。

最近、インターンという言葉が一般化してきましたが、インターンとして働く彼らはなぜ無報酬にもかかわらず仕事をするのでしょうか？　それは、自分の中で「この仕事を経験したい」「この技術を身につけたい」、あるいは「この仕事をしていることが自分の将来にプラスになる」と思っているからです。また、極端な例かもしれませんが、若手芸人の舞台の出演料は一舞台一〇〇〇円にも満たないと聞きます。それなのに、なぜ彼らはアルバイトをしながらも、その仕事を続けているのでしょうか？　それは、彼らには「このようになりたい」という、その仕事を通じて達成したい夢があるからです。

このように、金銭的報酬がなくても、仕事そのものに意義を見出せた人は、その環境から何らかの「非金銭的報酬」を受け取りながら、ヤル気と夢を持って働くことができます。

金銭的報酬は周りとの比較による一時的なものであるのに対し、非金銭的報酬は本人の心の内に起こる普遍的なものです。ですから周囲の声に惑わされず、安定した満足感を得ることができるのです。実際に会社でも「金銭的報酬」のために働く人と「非金銭的報酬」のために働く人を比べた場合、後者のほうが生産性が高い社員であることが圧倒的に多いのです。このことは、社長や人事部にいる方なら共感していただけると思います。繰り返しますが、成果に対して適切な「金銭的報酬」は必要です。しかし、「金銭的報酬」は不満足要因にはなっても、それだけで満足要因となり続けることはありません。

冒頭でも述べましたが、「社員満足（ES）」を高め、ヤル気を持って社員に働いてもらうためには、会社は「金銭的報酬」以上に「非金銭的報酬」を社員に与える人事戦略を取らなければならないのです。仕事を通して、社員が「自分の夢を実現できる」「自分の実力がついている」「世の中に貢献している」と感じられるようになってはじめて社員満足は高まり、それと共に会社も業績を上げ、成長することができます。そして、そのことが社員自身の成長にもつながっていくのです。

2 強い組織をつくる「7つのしくみ」とは

人事制度はどのような名前、手法を取っていたとしても、図1にあるような「7つのしくみ」でできています。これら「7つのしくみ」が経営方針に従い、それぞれが有機的に結びつき、影響し合いながら動いているのです。もしこれらのしくみがうまく結びつくことなく、それぞれがバラバラで運用されているのであれば、そこにはさまざまな弊害が生じてくるでしょう。

この「7つのしくみ」は大きく三つのカテゴリーに分けることができます。第一のカテゴリーは、図1の人事制度の一番上にあたる評価の段階です。評価は次の三つの異なる視点から行われます。

カテゴリー①

「7つのしくみ」その①・成果評価（＝目標管理）

すでにアウトプットされたものを評価します。いうなれば「過去」の評価です。どのようなプロセスを踏んだかという部分はここでは見ずに、あくまでも会社が求めている結果を実際に出せているかどうかということを評価します。

そして、成果評価を行ううえで最も重要なことは、

図1 人事制度の7つのしくみ

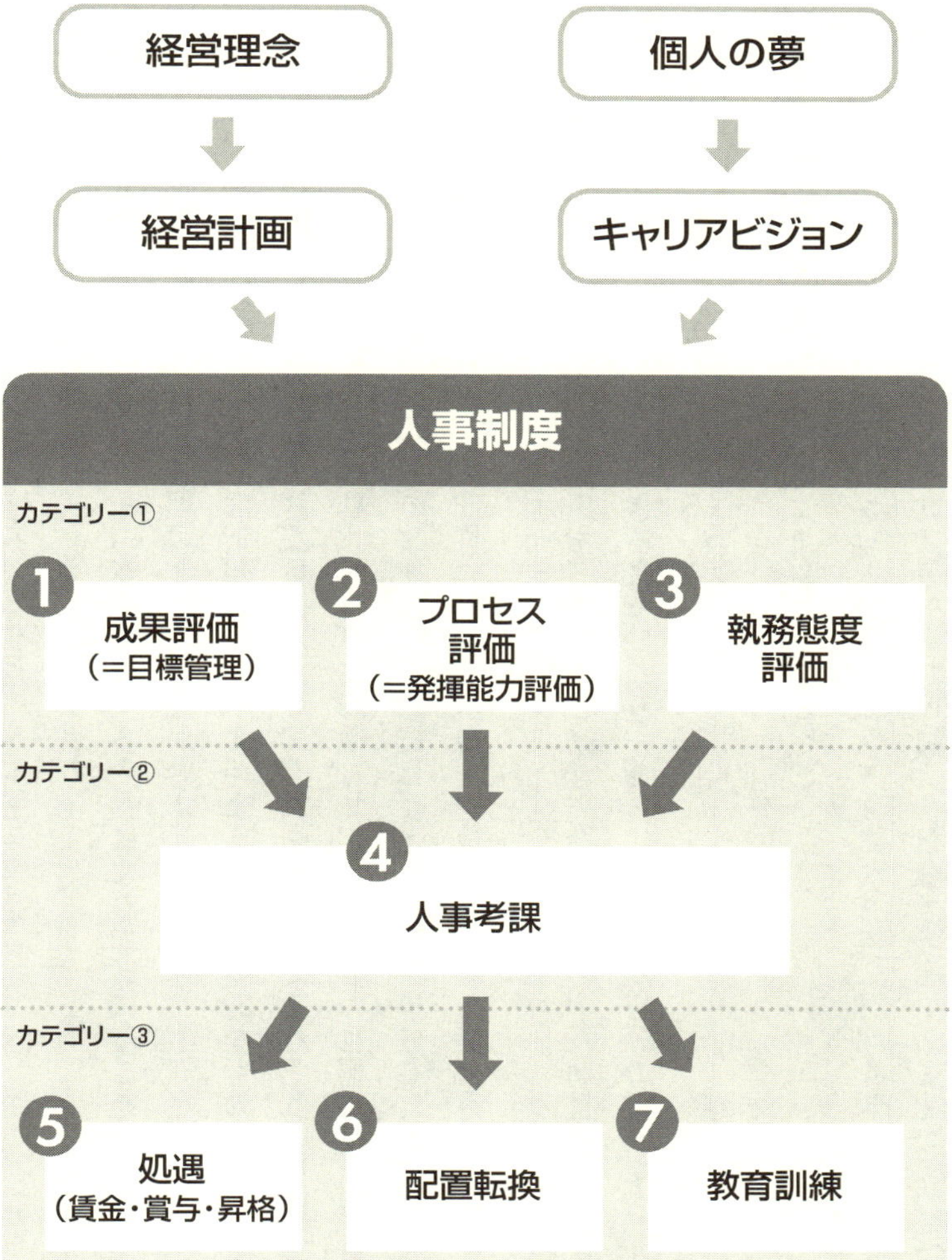

しっかりとした目標を立て、その目標を会社、上司、部下が共有する

ということです。

目標のない成果評価はあり得ません。その意味では、各会社により形式に差こそあれ、大きな視点で見れば「成果評価」＝「目標管理」ということがいえます。

また、目標はできるだけ会社、上司、部下がわかりやすいように、具体的なものを設定しましょう。その際、大前提として会社の大きな目標があり、それを踏まえてそれぞれの目標を設定しなければなりません。個人としての具体的目標に固執して、会社全体の目標に反する行動を取ってしまう社員を見掛けることがありますが、それではたとえ目標を達成しても何の意味もありません。成果評価とは、会社の方向性に合った目標を達成して初めて評価されるべきものなのです。

このように目標管理制度をきちんと運用することで、経営理念や会社の中長期目標を各社員の具体的な仕事へと落とし込むことができるようになり、さらには社員が自分の役割をしっかりと理解して仕事に取り組めるようになるのです。

「7つのしくみ」その②●プロセス評価（＝発揮能力評価）

成果評価の「結果」に対して、仕事のプロセスを評価します。つまり、仕事を進めていくうえで、社員がどのような能力を発揮しているか、ということを評価するということです。ここ

で評価するのは、あくまでも「発揮」された能力であり、また会社が発揮してほしいと考える業績向上に直結する能力です。「このような能力を発揮してくれれば必ず業績アップにつながるはずだ」という、いうなれば「近い将来」の評価をします。

プロセス評価を行ううえで最も重要なことは、

会社は評価すべき発揮能力を明確に示し、社員はその手法をしっかりと学ぶ

ということです。

詳しいことはのちほどご説明しますが、会社はこの「発揮能力」を社員に示すことにより、過去の成功体験、会社としてのノウハウを次世代の社員に継承していくことができるのです。

「7つのしくみ」その③●執務態度評価

会社としてこのような「心構え」「態度」で仕事に取り組んでもらいたい、ということを示し、その通りに仕事をしているかどうかを評価します。業績、業務に直結しないことであっても、会社の一員としてずっと同じ方向に向かって仕事をしていくためには、最低限、共有しなければいけないことがあるのです。会社に入ったばかりの頃は会社が求める能力が発揮できなかったり、結果が出せなかったとしても、「このような心構えや態度で仕事に取り組んでさえいれば、いずれそれらの能力も身につき、会社に貢献するはずだ」という、いうなれば「遠い将来」の評価を行います。

執務態度評価で最も重要なのは

会社と社員の価値観を統一する

ということです。

これが、経営理念の浸透のための土台となります。

これら〈カテゴリー①〉の三つのしくみにより評価された社員の情報は、〈カテゴリー②〉、つまり図1の人事制度の中心部にあたる「人事考課」のしくみにインプットされます。

カテゴリー②

「7つのしくみ」その④・人事考課

さまざまな角度から人事評価の情報、その他の人事情報を収集し、総合的な判断により、今後の各社員の処遇（昇給、昇格、賞与など）、配置、教育訓練の方針などを決定します。つまり、〈カテゴリー①〉で集められた情報が、この〈カテゴリー②〉の人事考課のしくみへとインプットされ、そこで総合的に判断された結果が、〈カテゴリー③〉の三つのしくみへとアウトプットされていくのです。

それでは、いよいよ実際に人事施策が実行される〈カテゴリー③〉の三つのしくみを見ていきましょう。

カテゴリー③

「7つのしくみ」その⑤●処遇

人事考課の結果に基づき、昇給、賞与などの金銭的な報酬に反映したり、昇格による職務等級のランクアップを行います。職務等級のランクアップには、通常、昇格昇給が伴い、一般的に等級のアップにより、役職（課長や部長など）就任のチャンスも広がります。

「7つのしくみ」その⑥●配置転換

人事考課の結果に基づき、会社の将来的な人事戦略や本人の希望なども考慮に入れて、現時点で最も有効な人員配置を行います。

「7つのしくみ」その⑦●教育訓練

人事考課の結果に基づき、会社の将来的な戦略や本人の希望を考慮し、必要な教育訓練を実施します。職務等級ごとに必要とされる知識や能力を身につけさせるために、長期的な視野で計画を立てます。

成果主義がうまくいっていないという会社の人事制度は、成果評価が直接的に処遇（賃金、賞与など）に結びついているだけで、その他のしくみはまったく機能していない、あるいは結びつくことなくばらばらで運用されていることがほとんどです。結果が直接的に処遇（賃金や賞与）に結びつくだけで、その他がほとんど考慮されていないとすれば、会社は社員の可能性の一部しか信じておらず、その能力を中長期的に有効活用しているとはいえません。成果、プロセス、執務態度の三つの視点からバランスよく評価を行い、その結果を人事考課にインプットして、最終的には処遇だけでなく、配置や教育訓練にも反映されなければならないのです。

この「7つのしくみ」には、会社にとっても社員にとっても、そのしくみ一つひとつに本来の重要な意義があります。その本来の意義をしっかりと理解して、「7つのしくみ」を運用することで、会社は社員に経営理念を浸透させることができ、その結果、社員満足を高めて創造性に富んだ成長企業となることができるのです。

一方、社員は会社の成長に寄与しているという満足感を持つと同時に、自分自身の成長につながっているという実感や納得感を持てるようになります。その結果として、より前向きに、そして楽しく仕事に取り組むことができるようになるのです。

3 「7つのしくみ」で会社の理念を社員に浸透させる

「7つのしくみ」は会社にとっても、社員にとっても重要な本来の意義があります。ここではまず会社にとって、どのような意義があるのかをご説明しましょう。

この本の冒頭で、これから成長する企業は「大きな会社」ではなく「速い会社」だと述べました。「速い会社」とは、つまり意思決定が迅速で行動が早い会社ということです。インターネット環境が劇的に進化し、誰もが膨大な情報を得ることができるようになった今、小資本であっても商売の「しくみづくり」が容易にできるようになりました。実際、私どものお客さまにも、ワンルームのオフィスで何億もの売り上げを達成している社長さんが何人もいらっしゃいます。

一人でやっていれば、当然、意思決定も早く、行動も早くなります。ただし、一人でやっている場合は、得られる情報も「一」であり、出てくるアイデアも「一」であり、作業量も「一」です。あくまでもそれらは「一」であり、「二」ではありません。

ですから、一人でやりたいと思って会社を始めた社長でも、一人、二人と人を雇って会社という組織をつくり、その「一」を「二」や「三」にすることでより大きな力にして、もっと多くのことを実現しようとするのです。

しかし、これには大きな問題があります。社員を雇って「二」の情報を得て、「二」のアイデアを出し、「二」の作業量をこなしたとしても、異なる二つの方向に向かっていっては、別々の「二」の結果しか出せません。それどころか、現実的には「一」と「一」という組織になってしまっていることで、方向性のぶれにより軋轢《あつれき》が生じて「一」の結果さえも出せないことが多いのです。

図体ばかり大きくて、動きが鈍い巨人となっては組織化している意味がありません。それであれば小さな組織、あるいは一人で十分な力を発揮するほうがよりよい結果を得ることができるでしょう。何度も述べているように、今は「大きな会社」と「小さな会社」には、昔ほどのハンディーキャップは存在していないのです。

これからの時代に成長できる「速い会社」とは、

一〇〇人の社員が、一〇〇の情報を収集して、一〇〇のアイデアを出し、一〇〇の作業量を駆使して、一つの方向に向かって進んでいくことができる会社

です。

これがもし実現できたなら、その会社は一〇〇どころか、二〇〇、三〇〇、一〇〇〇の結果を出すことができるでしょう。

それでは一〇〇人の社員が一〇〇の情報を得て、一〇〇のアイデアを出し、一〇〇の作業をしながら一つの方向に進んでいくにはどうしたらいいのでしょうか?

それには、**経営理念の浸透**しか方法はありません。

社員が多くなればなるほど意思決定が遅くなるのは、末端で意思決定ができなくなるからです。縦割りの大きな組織で、決裁まで何人もの決裁印を必要とするのはその典型といえるでしょう。しかし、チャンスや情報の多くは現場にあるものです。そのチャンスや情報にできるだけ早く反応し、適切な行動ができるかどうかは**経営理念の浸透**にかかっています。

以前、ある会社で現場の社員が次々と意思決定をしている場面に出会い、その会社の社員に、「どうして現場のあなたがそこまで重要なことを決断できるのか」と尋ねたことがあります。その社員は「すばやい決断を迫られる場面になったとき、『うちの社長ならどう行動するだろう』と想像して行動を取るようにしています」と答えました。

これこそが、まさに経営理念の浸透です。この社員は、自分の会社が何のために存在し、何を目指しているかをしっかりと理解しています。たとえ、一〇〇%理解できていなかったとしても、少なくともそのことを理解しようと努力しながら、日々、仕事をしているのです。

経営理念を社員に伝えていくのは社長の最も重要な役割です。経営理念の浸透とは、誤解を恐れずにいってしまえば、

社長と同じ価値観を持った社長のコピー社員をつくる

ということなのです。

もちろん、社員もそれぞれ自分の人生観を持った、自律した人間でなければなりません。こ

こでいうコピー社員とは、自分で物事を考えない社長のイエスマンではなく、**経営理念をもとに自分でものを考えられる社員**のことです。

皆さん、想像してみてください。自分と同じ価値観を持った人間が一〇〇人社内にいることを。あなた自身がやりたくても忙しくてできないことを、一〇〇人の社員が実現してくれるのです。これこそが、経営理念が浸透した理想の「速い会社」の姿です。

ここまでは、経営理念を理解できた社員をつくることが「速い会社」をつくるということを述べてきました。では、なぜ経営理念を理解すると社員は前向きに、生き生きと働くことができるようになるのか考えてみたいと思います。

社長が会社をつくったとき、どのような思いで会社をつくったでしょうか？　「このようなことをやってみたい」「こういう会社をつくりたい」という強烈な欲求を持って会社をつくったはずです。そして、それが経営理念に反映されているはずです。

経営理念の浸透とは、その思いを社員と共有することであり、彼らが経営理念に共感しているということなのです。つまり、そういう社員にとって経営理念の実現は、自分の思いの実現であり、当然、その目的達成のために喜んで働きます。そして、あなたが仕事を通して感じる充実感、達成感、喜びと同じ感覚を、その社員は感じることができるのです。

もちろん、一人ひとりの社員にはそれぞれの夢や人生観があることでしょう。しかしそういう社員は、自分の夢や人生観を失うことなく、会社の経営理念を尊重しながら仕事をするようになります。この状態がまさに会社と社員のＷＩＮ－ＷＩＮの関係です。特に創業期の会社が生き残っていくためには、この理念の浸透ができていることが絶対条件といってもいいでしょう。

ある会社の話ですが、そこの若い社長が最初に決めたお給料は全員一五万円でした。それでも皆、夜遅くまで働き、土曜や日曜も出勤しています。彼らは決して社長にいわれてやらされているわけではありません。社内の雰囲気はいつも非常に明るく、「一年後にはこれくらいのレベルの会社になっていたいね」「三年後にはここにオフィスを構えてこんなことをやってみたいな」というようなことをいつも社長を交えて話していました。結果、この会社は創業二年にして、驚くほどの利益を出し、有限会社であるにもかかわらず、大手外資系企業や一部上場企業と直接取り引きするほどにまで成長しています。

その会社の社員が、私にこんなことをいいました。

「会社と一緒に自分が成長していると実感できる瞬間に最も達成感を感じるんですよ」

経営理念に共感し、仕事そのものにやりがいを見出した社員は、このように驚くほどのパワーを発揮してくれます。そして社員が仕事そのものにやりがいを見出すことができれば、その仕事ができる環境にも満足感を感じることは間違いありません。

さて、ここでもう一度、「７つのしくみ」の図（二三ページ）を見てください。

「７つのしくみ」の①～③は、評価制度というういい方をしていますが、実は、評価をすることが本来の目的ではなく、会社の理念、考え方を社員に伝えることこそが最も大きな目的です。会社の理念を伝え、その考え方に共感して、日々の仕事に就いてもらうことが重要なのです。つまり、会社の期待通りに成果を出したりがんばった社員をきちんと評価しますよ、というしくみなのです。

そしてその情報を人事考課というしくみにインプットし、経営理念や経営方針をもとに処遇、配置、教育訓練の実施を決定します。人事考課の結果、その評価が処遇に大きく反映された人には、「あなたは会社の考え方を理解し、きちんとした成果を残しましたね。今後もこの調子でがんばってください」という会社からのメッセージとなるでしょう。配置転換・教育訓練の実施においても、より重要なポストに就けたり、能力を向上させる研修を受けさせたりすることは、「あなたの将来に大きく期待していますよ」というメッセージになります。

人事考課後のこれらの人事施策を実施するタイミングは、会社の考え方を社員に伝える最もよい機会となります。「なぜあなたの賞与はこの金額なのか」「会社はあなたにこの部門でこのような働きを期待している」「会社は将来的にこのような展開を考えているので、あなたにはこのような技能を身につけておいてほしい」ということを、このような機会を利用して会社、上司、本人が、定期的にしっかりと確認し、共有しておくことが大切なのです。共有ができればできるほど、社員満足は高まっていきます。そうすると社員は、会社の中で、自分の役割、自分に期待されていることに応えるために、より一層の努力をするようになるのです。

「7つのしくみ」はその一つひとつが、社員一人ひとりに会社のメッセージを伝えるためのたいへん優れたツールです。そのツールをうまく使うも、まったく使わないも会社しだいです。いずれにしても、会社は社員に対してなんらかの手段を使って、「この会社は何を目指しているのか、そのために社員（あなた）には何をしてほしいのか」ということを伝えなくてはいけません。それを伝えずして、「あなたの働きは悪いので、給料を下げます」「会社の業績が悪くなったので、評価の悪い人には辞めてもらいます」というのは、フェアではありません。そのような環境では、絶対に社員満足など生まれません。そして会社が社員に「思い」を伝えなくなったとき、会社の衰退は確実に始まるのです。

4 「7つのしくみ」の理解が〝やらされ感〟を〝やる喜び〟に変える！

前節では、会社にとって「7つのしくみ」が経営理念を社員に伝えることができる重要なツールであることを述べました。では、この「7つのしくみ」は、社員にとってはどのような意義があるのでしょうか。実は、社員がこの「7つのしくみ」の本当の意義を理解するかどうかが、会社と社員がＷＩＮ－ＷＩＮの関係となり、お互いに成長していけるかどうかの最も重要なポイントとなるのです。そして、当然、その本当の意義を会社側もわかっていなければいけません。では、その本当の意義とはどういうものなのでしょうか？

例えば、目標管理制度を導入している会社では、「会社が制度としてやっているから仕方がなく形式上目標を書いて、シートを提出している」という態度の社員が必ずいます。そして、そのような社員に対して、「とりあえず目標を書いて出してくれさえすれば、文句をいわない」と口外している上司もいます。このような社員や上司は「本当ならやりたくないけど、会社が制度としてやっているし、出しておかないとボーナスの査定に響くからとりあえずやっておこう」というのが本音でしょう。こころの中は完全に「やらされ感」で充満しています。

このような状態は、会社にとっていい状態ではありませんし、不幸なことです。しかし、それ以上に、そのように思いながら働いている社員本人にとって、非常にもったいないことなのです。なぜなら会社が行っている「目標管理制度」の中には、仕事を成功させ、人生をよりよくするためのヒントが多く詰まっているからです。このことに気づかずに、ただ「会社からやらされている」と思って表面上だけつくろったところで、本人の成長はまったくありません。逆に、その意義に気づいて、「目標管理制度」を利用すれば、その社員はどんどん自分を伸ばすことができるし、同時に、会社の成長にも貢献することができるのです。

人事制度の「7つのしくみ」の一つひとつは、会社という組織ができて以来、さまざまな過程の中で多くの時間と労力をかけてつくり出された「人事制度」の集大成です。そしてこの「7つのしくみ」には、仕事を通じて人が成長するためのヒントが多く詰まっています。会社はそこに潜む本当の意義を社員に伝え、共有していかなければいけません。人により違いはあ

ります が、人生の中で仕事をしている時間は相当な割合を占めるはずです。その時間を有意義で楽しいものにしないと、人生そのものを楽しむことはできません。

「仕事」というものを前向きに捉えることができ、自分からいろいろなことを吸収できるようになった社員は、多くのことに気づき始めます。たとえ最初は小さな成功体験や気づきであっても、それを繰り返していくうちに自己の成長を実感できるようになり、さらに仕事を通じて成長したいと思うようになります。社員は「7つのしくみ」の一つひとつの意義を理解し、実感することで、それを自らの成長につなげることができるのです。

ここで、有名な石切りの寓話を紹介しましょう。

旅人が道を歩いていると石を切っている職人がいました。旅人が「何をしているのですか」と彼に尋ねると「見ての通り、石を切っているのだ」といいました。さらに旅人がもう少し歩いていると、また石を切っている職人がいました。先ほどと同じ質問をしてみると、今度の職人は「立派な教会を造るために石を切っているのだ」といいました。

この二人の石切り職人は明らかに仕事に対する意識が違い、モチベーションも違っているはずです。当然、後者の石切りのほうがやりがいを持って仕事をしているでしょうし、仕事の質も高いものになるでしょう。寓話はここで終わりです。しかし、私たちはもう一人、仕事に対する情熱を持った石切りに登場してほしいと思っています。

その石切りは先ほどの質問にこう答えるのです。「私は立派な教会を造るためにこの石を切っています。そして、この仕事を通してさらに石切りのノウハウを学び、この町で一番の石切り職人になり、誇りある人生を送りたいと思います」と。

組織の中で仕事をするということは、その組織に利益を与え、個人も報酬をもらうという目的があります。一方で、長い目で見れば、その仕事や組織を通じて自分を成長させるという非常に重要な意義もあるのです。そのことに気づいて、前向きに仕事に取り組むことができるかどうかで、社員の五年後の姿は大きく違ってきます。「7つのしくみ」の本当の意義を理解できた社員は、決して仕事に対してやらされ感を持つことはありません。たとえ困難な仕事だったとしても、そこに意義を見出して前向きに取り組もうとするはずです。そして、その社員は、**「働くこと、挑戦すること、達成すること」**に喜びを感じることができるでしょう。このように、〝会社も儲かり社員も成長する〟。これこそがまさに、「会社と社員のＷＩＮ－ＷＩＮの関係」です。

では、人事制度の「7つのしくみ」に込められた、社員と共有すべき本当の意義を次の章から見ていきましょう。

第2章

「7つのしくみ」その1

社員と共有したい「目標管理」の本当の意義

目標管理は、期初に上司と部下が
会社目標に従って各個人の目標を設定し、
その期が終わった段階でどこまでその目標が
達成できたかを確認し合う制度です。
しかし、期の途中の配置転換などで目標が変わった場合や、
ルーティンワークやクレーム処理などの
目標の立てにくい部署など、実際の運用面では
難しい問題も出てきます。
また、「その目標がその人物にとってふさわしいものであるか」
という点において、社員間で不公平感が高まり、
目標管理制度を廃止してしまう企業も少なくありません。
目標管理の本来の意義とは決して
「社員に優劣をつけ、賞与の額に差をつける」ことではありません。
では、会社が社員と共有しておかなければならない、
目標管理を実施する本当の意義とは
どういうものなのでしょうか。

1 目標を立てることは「なりたい自分」に近づくこと

人はこうなりたいと思う人間にしかなれない

仕事においても人生においても、無目標では外部環境に流されていくだけです。それでは何の達成感も充実感も得ることはできません。何ごとにおいてもまずは「自分はこうなりたいんだ」と思えるかどうかで、その人が成長できるかどうかが決まるのです。

「甲子園に行く」ことは、すべての高校球児にとって夢です。しかし、甲子園に実際に出場できる選手はごく限られた一部の球児です。でも、まずは「甲子園に行きたい」と思って高校に入学して野球部に入部しなければ、絶対に甲子園に出場することはできません。

ある野球部の監督が、「甲子園に行くことができるのはごく一部の球児だが、甲子園に行くことを夢見て努力することは、甲子園に行きたいと思ったすべての球児ができる。そしてその夢を実現するためにした努力は決して無駄にはならない」といっていました。まさにその通りで、まずは「こうなりたい」と思うことが何ごとにおいても重要なのです。

●失敗をたくさんすることが成功につながる

よく、目標を設定する段階で「チャレンジングな目標を設定するように」という指導が行われます。これは、目標管理制度によって少し無理なことを実現しようとする課程の中で、社員に自己を成長させる機会を与えようとしているからです。

もし、会社が社員に対して成長を求めていないのであれば、いつも同じ仕事をさせていればいいでしょう。ところが社員に成長を求めていない会社など、存在するはずがありません。世の中は常に進化し変化しています。そのような状況の中で現状を維持しているだけということは、実質的には取り残されていることになるのです。

自ら現状よりも高い目標を立ててチャレンジすることは、もちろん勇気が必要です。しかし、チャレンジしなければ失敗することすらできません。**「成功するためには失敗する回数を増やすことだ」**といった経営者がいます。成功するためには、たくさんのチャレンジをしなければなりません。そうすれば当然、失敗する回数も増えてきます。そもそも「失敗」とは一時的なもので、その経験を生かして次の成功につなげることができたなら、それは「失敗」ではなく「教訓」になります。失敗しないで成功や成長はないのです。目標管理制度では、そのような少しチャレンジングな目標をあえて設定することが社員の成長のために必要なのです。

目標を設定すれば見えてくるもの

目標といっても、「いつかこのようになりたい」と漠然と思っていてもなかなか達成できません。「いつかなりたい」という言葉は「いつまでもなれない」という言葉に限りなく近い言葉なのです。目標は、「いつまでに」という期限とセットで考えなければいけません。

なぜならそれは、例えば「半年後にはこの状態にしたい」と目標を設定したときに、三ヶ月後にはどのようになっていなければいけないのか、一ヶ月後には……と目標からさかのぼっていくことで「今やるべきこと」がわかってくるからです。そして、紙に書いて一つひとつ具体的な目標を立てて、実行に移していかなければなりません。

これらのことを自分一人でやろうとしても、甘くなったり、あきらめてしまったりして、強い意志がなければやりきれません。ですから目標管理という制度の中で、上司や同僚と一緒になって目標を設定しながら、意識を高めていくことが必要なのです。達成したときに一人で「ニヤリ」と喜ぶよりは、上司や同僚と一緒になって喜ぶほうが喜びが倍増しますし、「よし！またみんなで一緒にがんばろう」という具合に次の目標へのモチベーションにもなるのです。

2 仲間と共有した目標は予想以上の大きなパワーを生み出す

目標の共有なくして成果を生み出すことはできない

今や多くの会社で成果主義の人事制度を導入しています。しかし、その多くは何らかの問題を抱え、うまく社員のモチベーションアップにつなげることができていないようです。

その原因はいくつか考えられますが、まず一番基本的な原因は「きちんと目標の設定ができていない」ということです。成果はきちんとした目標がなくては上げようがありません。確かに一人であれば、目標を立てることなくその場その場で軌道修正をして、何らかの成果を残すことはできるかもしれません。

それがチームだったらどうでしょう？　目標も立てずにその場その場の思いつきで、チームのメンバーがバラバラに仕事をしていても成果を上げられるはずがありません。チームで何かを成し遂げようとするときには、必ずはっきりとした目標を立て、それをチームで共有しなければなりません。チームとして「あるべき姿」を明確にし、成功のイメージを共有することが重要です。そこから長期の目標、中期の目標、明日の目標が見えてくるのです。

そして、「あるべき姿」にどれだけ近づけたか、というのがその時点での成果です。目標を立てずに、ただ単に「できてしまった」「なってしまった」ことは、決して成果とはいえず、将来につながるものではありません。

高い目標を共有することで自分のレベルを上げることができる

「高い目標を持てば、よりよい結果を生むことができる」というのは事実です。例えば、全国大会での優勝を目指すのと、全国大会に出場するために県大会の優勝を目指すのとでは、おのずと行う練習のレベルが違ってきます。

しかし、その練習を一人でやっていたら、自分がどれだけうまくなったのかわからないでしょう。また、その思いを一人で持ち続けることは容易ではありません。人は高い目標を持った集団に入って厳しい環境に身を置くことで、より自分を高めることができるのです。

私の知り合いのある税理士は、難関の税理士試験を二年で突破しました。一般的にはスピード合格といえます。しかし、当の本人は一年で合格できなかったことで、一年損をしたと思っています。なぜなら、彼と一緒に勉強していた仲間の半数以上が一年目で合格をして、彼より一年早く実務の勉強をしていたからです。

税理士試験の合格率は一割もありません。ですから一〇人仲間がいれば、一人受かるか受からないかの世界なのです。しかし、これはあくまで全体の合格率であって、高い目標を持ったグループは、当然それ以上の結果を出します。

もし、彼が世間一般の合格率を見ながら一人で受験勉強をしていたら、三年目くらいに合格して、「まあ世間並みかな」と悠長にそれから実務の勉強をしていたことでしょう。逆に、意識の低いグループに身を置いてしまっていたら、「みんなできていないのだからまあいいか」という気持ちになって何年も合格すらしていなかったかもしれません。この差は彼のこれからの人生の中で、とても大きいものとなるでしょう。

職場でもこれとまったく同じことが起こっています。結果を出すチームとそうでないチームとでは、共有されている目標がまったく違っています。自分だけが高い目標を持って、いい結果を出そうとするのではなく、チーム全体で高い目標を共有して、いい結果を出せるように周囲に働きかけていくほうが、結果的に自分も周囲からよい刺激を受けて、より高いレベルにたどりつけることが多いのです。

目標を共有できないことがチームを崩壊させる

学生のサークル活動にはさまざまなものがあります。同好会的なものから本格的に勝つことを目指す体育会系のものまで、その目標はさまざまです。勝つことが目標であれば、そのためには厳しい練習をする必要があります。しかし、その中に数人、勝つことを目標としないメンバーがいたとしましょう。彼らは当然、厳しい練習に最後までついていくことはできません。ではは彼らを放っておいて、他のメンバーだけで厳しい練習ができるかといえば、そうはいきません。
彼らは真剣に勝つことを目指してまじめに練習をしているメンバーに、「もうこのくらいでいいんじゃない」というようなことをいい始めます。勝つことを目指していたメンバーも、普段は勝つためにがんばって厳しい練習に耐えていますが、本当に苦しい局面を迎えたとき、そのうちの何名かが「もうこのくらいでいいだろう」とラクなほうに流れてしまうのです。

このように組織はほころびはじめ、最悪の場合、バラバラになってしまうこともあります。

仕事をする場面でも、チームで何かを成し遂げようとするときには、最初から目標のレベルを共有しておかないと同じようなことが起きてしまいます。

例えば、チームのひと月の売り上げ目標を一億円と考えるAさんと、八〇〇〇万円と考えるBさんが同じチームにいたとします。九〇〇〇万円で月末を迎えた場合、Aさんは「みんな、今日と明日は残業をして、何とか一億円の売り上げを達成しようじゃないか」というでしょう。しかし、八〇〇〇万円を目標と考えていたBさんはすでに満足していて、「もういいじゃない、今日は予定があるから帰らせてもらうよ」といって帰ってしまうかもしれません。

このとき、Aさんの気持ちはどうでしょうか？　これからもBさんと一緒に協力して仕事をやっていこうという気持ちになれるでしょうか。

最初の目標が共有できていないと、成果を上げる以前に、チームそのものを崩壊させてしまう危険性があります。

さらに、ここでもう一つ高いレベルの話をすれば、本当に高い意識を持ったチームなら、売り上げ一億円を達成したとしても、それがゴールにはならないのです。

売り上げ一億円という数字は、一定期間における目標にすぎません。それよりもむしろ、会社の方針に従い、より高い目標の達成に向かって動くのが本当の意味で意識の高いチームの姿です。単に数字の目標を共有するだけでなく、何をすべきかという経営理念のレベルで、意思統一できることが理想といえるのです。

3 日々の目標チェックでやるべきことが見えてくる

目標と現状のギャップを絶えずチェックせよ

目標は立てただけでは達成することはできません。期初に目標を立てたものの、期末にあわてて達成状況を確認するということがよくありますが、それでは何のために目標を立てたのかわかりません。目標は立てた時点から、日々達成度合いをチェックしていかなければ達成できません。

では、目標の達成度合いをチェックするとはどうすることなのでしょうか。それは、「達成までどれくらいなのか？」ということを把握し、どうしたら目標を達成できるのかという視点でやるべきことを考えるということなのです。ただ単に進捗などを把握しているだけでは、チェックしているとはいえないのです。

目標への達成度合いがわかれば、優先順位がわかる

目標への達成度合いをしっかりと把握しているだけでなく、目標達成までに何をすべきかを考えなければなりません。

例えば、月の半ばで今月の予算が六〇%達成していて、その他にも購入してくれることが確実な見込み客がほぼ同数いるとしましょう。そのままいけば、対予算一二〇%となり、今月の予算を達成できることは確実です。

このような場合、その事実を正確に把握していれば、心に余裕を持ちながら来月の見込み客を探すのに時間を割いたり、長期的な営業戦略を練るために時間を割くことができるはずです。しかし、その事実を把握できていないと、普段通りに目の前の仕事を追い掛けるだけになってしまうでしょう。

反対に、月の半ばにして予算達成率が三〇%で、見込み客もいなかったとします。その事実を把握していれば、通常の月の二倍、三倍のペースで受注をしなければならないということに気づき、それに対して行動を取ることができます。しかし、その事実を把握できていなければ、普段通りのペースで仕事をして、月末になってから焦り出すことになるのです。

経営をしていれば、好不調の波があるのが当然です。常に目標のチェックを行っていれば、周囲より早く、好不調の判断をすることができるようになります。つまり、それだけ早くアクションが起こせるようになるのです。

目標を定期的にチェックするためには、工夫が必要

設定した目標を絶えずチェックすることは簡単なようで意外に難しいものです。朝、ミーティングがあったり、朝一番にお客さまから電話がかかってきたりすると、そのバタバタに流され、ついチェックするのを忘れてしまいます。

目標のチェックを毎日実行するポイントは、会社に来る前に自宅でチェックすることです。しかも朝一番で行うことがポイントです。朝は邪魔されることも少ないでしょうから、朝起きたら目標のチェックをするということを毎日の習慣にしてしまえばよいのです。

また、会社として定期的にチェックを行う方法としては、会社の行事として目標の達成度合いをチェックする会議を開くのも効果的です。それにはちょっとしたコツがあるので、このあとの「目標管理制度の構築・運用法」のところで詳しく説明します。

4 自分を見つめ直す時間が未来の自分をつくる

自分の行動を定期的に振り返ることで見えてくる次の目標がある

目標に向かって一生懸命、何かをやることは重要です。一定の期間、ただがむしゃらにがんばるという時期も必要でしょう。仕事はやってみて初めてわかることも多くあります。ただ、ときには立ち止まって自分の行動を振り返る時間がなければ、軌道修正ができません。

目標というのは、実はいろいろなレベルがあります。会社にとっての最終目標は経営理念を達成することであり、個人にとっての最終目標は人それぞれ自分の夢をかなえることでしょう。この最終目標を達成するために、会社も個人も、日々の行動に落とし込んだより身近な目標に向かって行動しなければなりません。

ただ、日々の目標を達成することに精いっぱいになっていると、本来達成しなければならない最終目標を見失ってしまっていることがあります。これでは本末転倒です。しかし、目標に向かって走り続けながらこのことに気づくのは難しいものです。本当に一生懸命にがんばっているときは、周囲の声も聞こえなくなります。逆にそのような助言にも、「自分はこれだけがんばっているのに、どうしてそんなことをいうのか」と反発さえ感じてしまいます。「家族のために働いている」といいながら、いつからか仕事ばかりで家庭を顧みない仕事人間になってしまい、家庭が崩壊する、といったことも珍しくありません。

ときには立ち止まって、本当に向かうべき方向へがんばれているかを考えてみる時間も必要です。そしてそのようなときに、周囲の人と話をしてみると、客観的に見ることができ、次の目標をしっかりと見定めることができます。

このような機会は、「いつか」と思っていてもなかなかつくれるものではありません。正月休みや、夏休みなどに、定期的に振り返らなければいけません。会社であれば、これが半期や通期の期末、プロジェクトの終了時などに相当するのです。

自分の行動を記録しておくと、将来、部下に思いを伝えることができる

人はいい意味でも悪い意味でも、「忘れることができる生き物」です。特に仕事では、失敗をずっと後悔していては前に進むことはできません。しっかりと反省し、失敗の原因を究明したら、その失敗したことは忘れて次の仕事に取り掛からなければ、いい仕事はできません。そういったことを繰り返し、やがて人は次のステージに上がっていくことができるのです。

ただ、失敗した経験というのは貴重です。なぜなら、そのことでその人は成長するからです。部下が同じ失敗をしたときに、上司が失敗の経験やそのときのつらさをまったく忘れてしまっていては、「なぜそんなことができないのだ」「まったくしょうがないやつだ」としか思わない

でしょう。

悩んでいるときは目の前の壁がどうしようもなく大きなものに見えるものです。乗り越えてから振り返ってみると、「どうしてくよくよと悩んでいたのだろう」と思うのですが、そのときはどうしようもない不安に駆られています。そんなとき、「自分もそういう経験をして、そのときはこんな気持ちだったよ。でもこうすれば乗り越えられたよ」といってくれる上司と、「そんな簡単なことでなぜ悩むんだ、もっとがんばればすぐにできるんだ。努力が足りないだけだ」という上司と、どちらが部下を引っ張っていけるでしょうか。

忙しい毎日の中では記憶はあいまいなものです。しかし、文字として書き残しておけば、何年後であってもリアルにそのときの「気持ち」や「空気」を思い出すことができます。そして、その気持ちを思い出すことは、自分の部下の気持ちを理解することにつながるのです。

周囲から見た自分と自分から見た自分を意識し、新たな自分の可能性を見出す

心理学において有名な「ジョハリの窓」という分析法があります。これは、本人と周囲の人間がそれぞれ「気づいている」「気づいていない」という二つの面から一人の人間を見るというものです。

図2を見てください。Aは自分も周囲の人も知っている面。Bは周囲の人は知っているけれど自分は知らない面。Cは自分は知っているけれど周囲の人は知らない面。そしてDは自分も

図2 ジョハリの窓

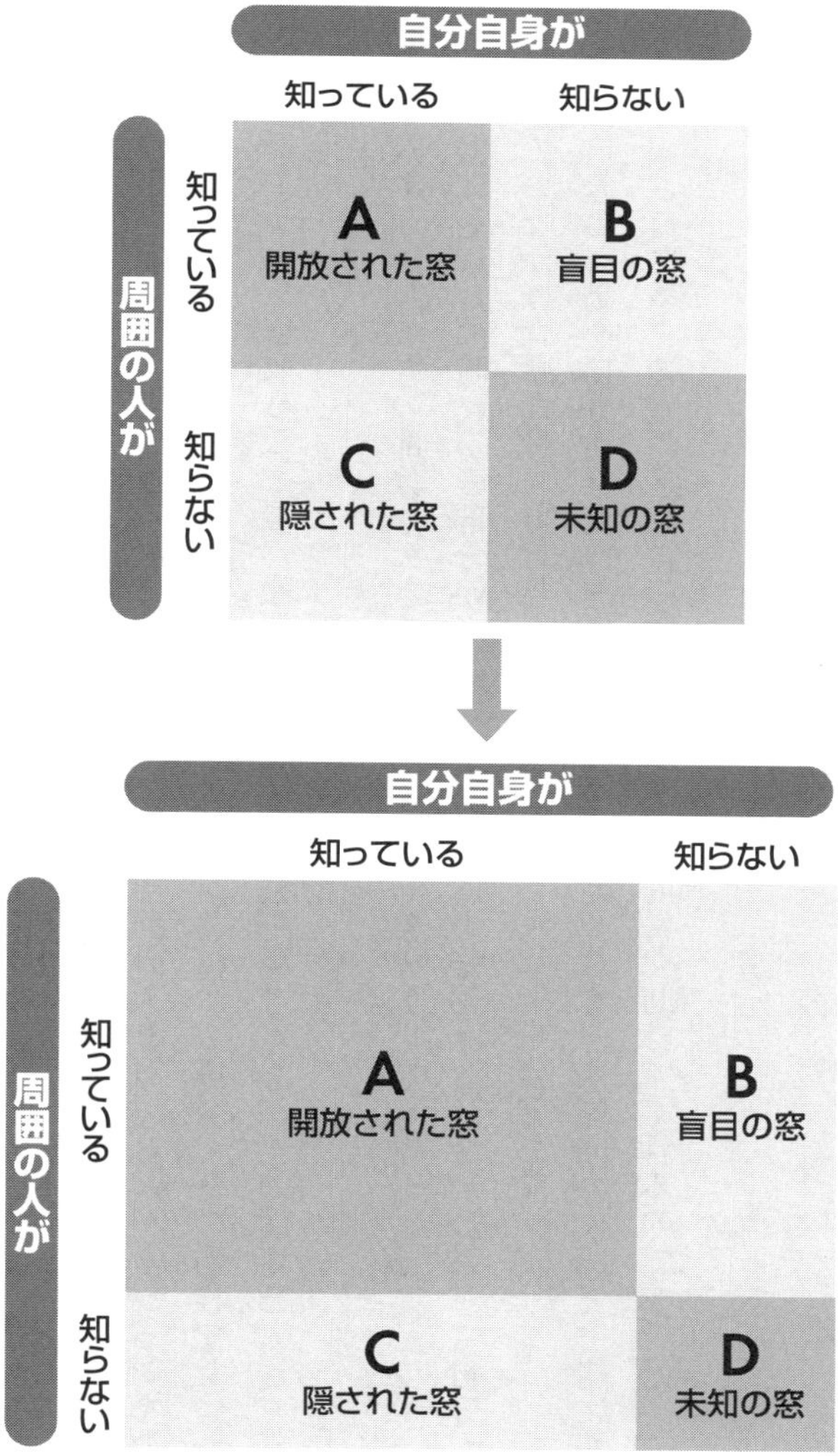
自分自身が
知っている
知らない
周囲の人が
知っている
知らない
A
開放された窓
B
盲目の窓
C
隠された窓
D
未知の窓
自分自身が
知っている
知らない
周囲の人が
知っている
知らない
A
開放された窓
B
盲目の窓
C
隠された窓
D
未知の窓

周囲の人も知らない面です。

　仕事だけに限ったことではありませんが、人間関係を円滑に進めようとするなら、できるだけAの面積が大きいほうがいいといわれています。BやCが大きい人はお互いに理解しにくく、トラブルになりがちです。Aを大きくしていくためには、周囲の人とコミュニケーションを取るしか方法はありません。特に、一つの目的を持って行動を共にする場合、その過程でしっかりとコミュニケーションを取ることで、徐々にBとCの面積を小さくし、Aの面積を大きくしていくことができます。

　そして、このようにしてAの部分が大きくなってくると自然とBとCの部分が小さくなります。すると、実はそれと同時にDの部分が小さくなっているのです。これは、これまで自分も他人も気づいていなかった新たな自分を発見できているということを意味します。

　このように自分の行動を自分自身だけでなく、自分を見てくれている周囲の人間と一緒に振り返ることは、さらに多くの気づきを得ることができて、成長を助けてくれるのです。

「目標管理制度」の構築・運用法

◉二つの面談（会議）の意味を理解する

単に賃金を上げ下げするためだけの目標管理制度は、さまざまな弊害を生み出します。しかし、第2章で見てきたように、社内やチームでコミュニケーションを取り、目標に向かって進捗などのチェックを行うことは、組織として当然やらなければいけないことです。目標管理制度を成功させる秘訣は、どれだけ面談などで情報を共有できるかにかかっています。

しかし、日常的に上司と部下が十分な時間を取って面談を行うことは難しいものです。そこで、最も現実的な方法として、次の二つの目的で面談を使い分ける方法があります。

- **時間をかけて本音を話し合う面談**……上司と部下が十分な準備をしたうえで、ゆっくりと話し合える時間を取り、一対一で本音を話し合う面談。半年に一回程度実施します。
- **短時間で情報の共有をはかる面談**……定期的に情報を共有するために、短いサイクルで行う面談。この面談は個人面談で行うよりも、四～六人のグループで会議方式で行うほうが効果的。毎月一回程度実施します。

上司と部下の面談にはさまざまな重要な要素が含まれますが、大きく分けると以上の二つに集約することができます。

単に予定されていたことの進捗状況を報告、確認するためにはそれほど多くの時間を必要としませんが、回数は必要となります。逆に、部下が上司に自分の方向性や将来の話をするときは、できれば終了する時間は設定しないで十分な時間を取って行いたいものです。この二つを目標管理制度の中でうまく使い分けることにより、目標管理の弊害といわれるさまざまな問題を解決し、常にコミュニケーションの取れた組織状況を保つことができるのです。

半年に一度は、じっくりと上司と部下が話す機会を

上司と部下は、お互いに考え方や価値観を理解し合っておかなければいけません。特に上司は、部下の将来の夢や、会社でどのようなことをやりたいかなどを正確に把握し、部下のヤル気を引き出す指導をしなければいけません。しかし、個人的な夢や価値観などは、通常の業務を行っているだけではなかなかわかりません。また、上司と部下が飲みにいって夢を語り合うことはあっても、その夢と今の仕事とを結びつけて話すことは少ないでしょう。

やはり半年に一回程度は、会社の中期的な目標を踏まえたうえで、上司と部下がお互いの考えや役割をしっかりと確認し合う時間が必要です。その場面で、上司は部下に会社の考え、方

向性を確実に伝えなければいけません。また、このタイミングで、前期の人事考課結果を伝えるのもよいでしょう。前期のどのような点を会社として評価しているのか、またもっと努力すべき点、期待している点は何なのかをはっきりと伝えましょう。そして部下は、この機会に、会社が自分に求めていることを理解し、そのうえで自分の希望なども伝えるようにします。

毎月の進捗管理と情報共有は会議方式で

じっくりと時間をかけて行う面談に対して、定期的に行う面談は、業務の進捗確認や情報の共有が主な目的です。ですから、できるだけ頻繁に行うのが望ましいでしょう。

逆にいえば、あまり時間をかけて行うと続かなくなってしまいます。また、情報の共有という点からいえば、上司と部下が一対一で行うよりもチーム全員が参加して実施するほうがより効率的といえます。

具体的には、毎月一回、会社として決まった日に幹部会議、その後、グループに分かれてグループ会議を実施します（図3参照・五八ページ）。そしてこのグループ会議の中で、議長（リーダー）の進行により、全員が前月の業務目標の結果報告と当月の業務目標を発表します。このとき目標シート（図4参照・六〇ページ）を使うことをおすすめします。発表はあまり長くならないように一人一〇分以内で行いましょう。前月の達成度と今月の目標は、会議参加者全員が確認のうえ、議長（リーダー）が承認します。つまり、毎月の会議中に、チームのメン

図3　月次会議の全体像（例）

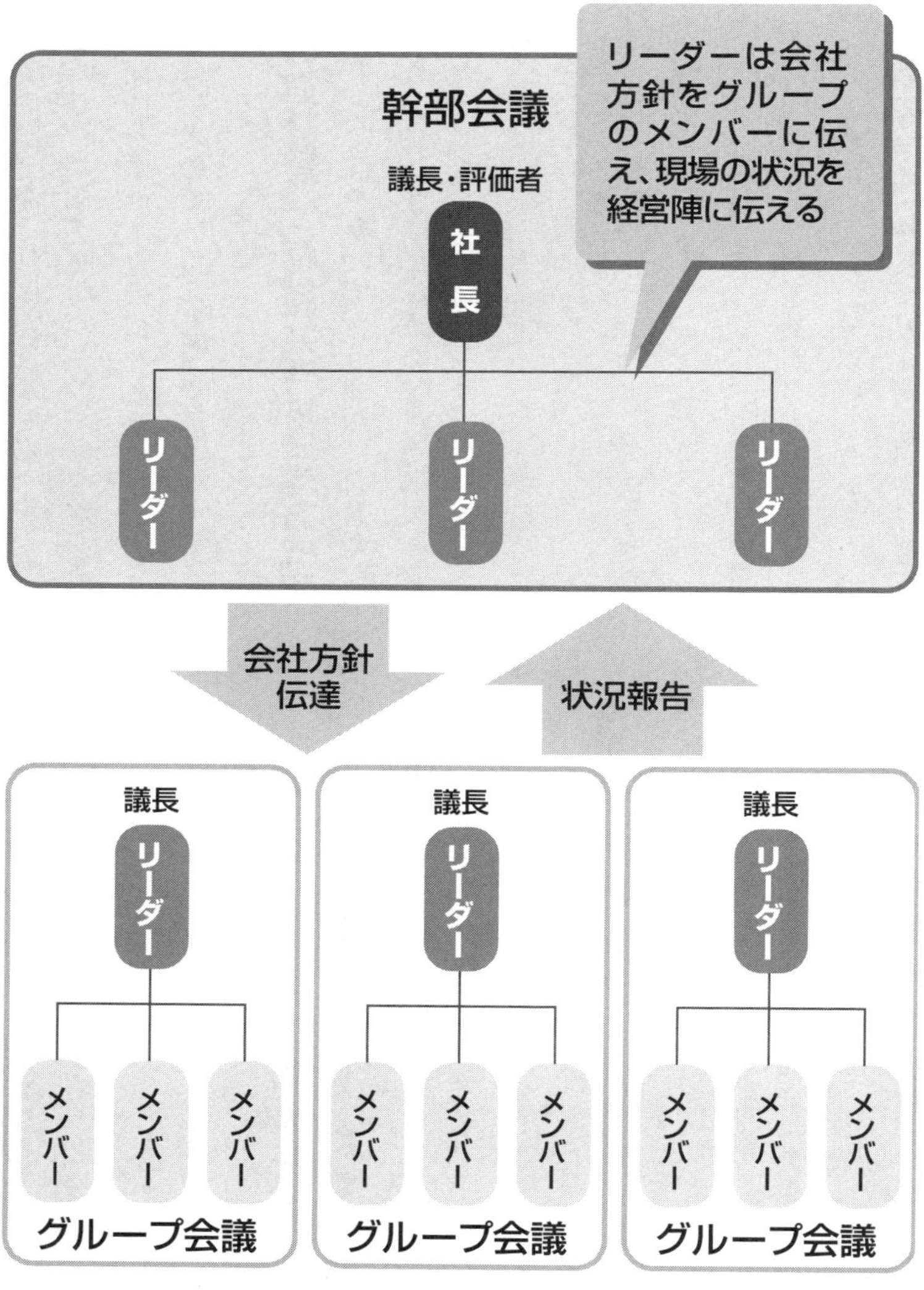

バーに公表する形で目標管理を進めていくのです。この会議方式の目標管理を行うにあたっては、次のことを参加者に強調し、理解しておいてもらう必要があります。

●月次会議で目標管理を行う目的

①部内のコミュニケーションの活性化
・リーダーはメンバーが何をしているのか、関心を持つ
・リーダーは会社の方向性や目標をメンバーに伝える
・メンバーはリーダー（会社）が自分に何を期待しているのか、しっかりと理解する
・全員が会社の方向性と、部内の業務の流れを理解するように、積極的に会議に参加する

②業務の進捗管理
・日々の仕事をマンネリ化させず、常に大きな目標と小さな目標を持って仕事に臨む
・自ら目標（質と期限）を定めて、自律して仕事を進めるようにする
・うまくいったこと、うまくいかなかったことの原因を分析し、その後の仕事に生かす

③公平な評価と部内の協力
・メンバーは自分の行った仕事について、しっかりと説明（アピール）する
・リーダーや他のメンバーは、公平にその仕事を評価する
・目標達成のために、周囲の協力が必要な場合は、協力を要請し、他のメンバーもその協力要

図4 目標シート（兼月次会議議事録）

所属		上司	
氏名	等級	会議日	

本人は①に対して
翌月に自己評価を行う

得点基準		
	5	目標・期待を大幅に上回った
	4	目標・期待を上回った
	3	ほぼ目標・期待通り
	2	目標・期待に一歩およばなかった
	1	目標の中止・大幅に達せず

上司は部下の自己評価を承認のうえ、
ジョブレベルを決定する

2	通常の職務レベルを大幅に超える職務
1	通常の職務レベルを超える職務
1	通常の職務レベル
1	通常の職務レベルを下回る職務
1	通常の職務レベルを大幅に下回る職務

	①主な業務計画と目標（上司からの指示に基づいて）	②結果報告（結果についての原因分析・今後の課題なども）	得点 本人	ジョブレベル 上司	得点
1					
2					
3					
4					
5					
6					
7					
8					

平均得点

*得点は得点（本人）×ジョブレベルで算出する　*半期総合得点は半期末に対象月すべての得点を平均して算出する　*得点はすべて小数点以下2桁目を四捨五入

請に積極的に応じるようにして、効率的な業務遂行ができるように全員で努力する効果によるものです。

実は、この毎月の会議方式の目標管理が、目標管理の弊害といわれている多くのことを解決してくれます。これは、上司と部下が一対一でやるのではなく、チーム全員の目があるという効果によるものです。

例えば、チームが皆、自分の職務レベルに合った目標を設定しているのに、一人だけ簡単な目標を設定すれば、チームのメンバーからの承認は得られません。達成水準にしても、メンバー全員がチェックを受けることになるのです。一般的に、目標の変更があった場合の運用が難しいといわれますが、毎月行うことにより目標変更にも対応しやすく、また変更理由をメンバー全員に説明することで自己の都合による目標変更ができなくなります。そして何より、チーム全員の情報共有が可能となるのです。

ある会社は、この会議方式を取り入れ、インターネットを使ったテレビ会議を、日本・オーストラリア・アメリカ・インドネシアの四ヶ国で週に一回行っています。これにより、社内での業務の情報共有ができるようになっただけでなく、各国に散らばっている仲間が何を考えて、どこに向かおうとしているのかを社員全員で共有できるようになったといいます。そして、その場で達成度をチェックすることで、まったく違った環境で行っている社員の評価についても、納得性のあるものとして運用できているそうです。

最終的に、これらの目標管理は、毎月の達成度などを半期ごとにまとめて「成果評価」として評価するのがいいでしょう。毎月の定期的な会議と、半年に一回程度のじっくりとした面談の両方のコミュニケーションがしっかりとできて初めて、上司も部下も同僚も皆が納得できる血の通った目標管理制度の運用が可能となるのです。

すべての社員に目標管理を導入すべきか

もう一つ、目標管理を実施するうえで考えなければいけない重要な点があります。それは、目標管理を実施する社員の範囲の問題です。そもそも目標管理の基本的な考え方でいえば、目標は会社の業績に直結していなければなりません。だとすれば、そのような目標を社員全員が立てることができるのかということが必ず問題になります。

確かに、規模の小さな会社であれば、社員全員が会社の業績に直結する目標を立てることができます。しかし、一定の規模を超えた会社では、どうしてもそのような成果を目標にできない社員が存在します。決して目標を立てなくてもよい社員がいるといっているわけではなく、会社の業績と直接的に結びついた目標を立てることが難しい社員が、現実的には存在しているのです。

このような場合、目標管理を実施する社員を絞り込むべきでしょう。目標管理が最もフィットする社員とは、**「明日の仕事をする人」**です。すでにでき上がったしくみを回していく仕事ではなく、そのしくみを改善したり、まったく新しい仕事を生み出したりしていく社員です。

このような仕事をする社員は、ある程度自由にものを考えながら、それを実行していく権限を持った上位等級の社員に限られます。目標管理を評価のしくみとして厳格に運用しようとするのであれば、まずは、このような社員に絞り込んで運用すると、スムーズに制度を導入でき、また予想以上の成果を上げることができるでしょう。

特別インタビュー!

「企業人事現場・生の声」その1

「新人は早く壁にぶつかったほうがいい。そのとき、同じ会社で働く者同士が人生観を共有できる」

普段から社員に伝えようと思われていることはどんなことですか？

「うちの会社は技術会社ですから、どうしても技術が主役になり、社員はエンジニアとして認められたいという欲求を強く持っています。ですから、私自身も社員のエンジニアとしての成長があれば、日々褒めるようにしていますし、幹部社員にも部下に対して、そのようにするようにいっています。でも、その成長や努力が顧客に向いたものなのかどうかは、常に問うようにしています。顧客の喜びをもって、自分の喜びとできなければいけません。エンジニアは、得てして自己満足に走ってしまう部分がありがちですが、顧客のことを考え、常に自分がやるべきことを前向きに考えて、自律的に仕事をしていかなければ、本人の成長もありませんから。幸いうちの会社では、受け身の人間は残っていけないという考えが根づいているようです」

株式会社ジール／
株式会社BI戦略研究所
代表取締役社長
山本秀典氏

1987年、ＩＴ系専門学校を卒業。都内ソフトウェアハウスで、ＳＥ、営業、商品企画を担当後、1991年に株式会社ジールを設立した。オープンシステムBusiness・Intelligence系システムにて業務を拡大。その後コンサルティング部門を独立させ、株式会社ＢＩ戦略研究所を設立。現在グループ従業員数は合計110名

そのような文化を根づかせるために、どのようなことをされてきたのですか？

「とにかく一年目の社員には、厳しく仕事に向き合わせるようにしています。他の会社では一年で覚えるような仕事を、極端な話、三カ月くらいでやらせてしまう。それはなぜかといえば、できるだけ早く壁にぶつかったほうがいいからです。同じ会社で働く者同士にとっては、いかに早く人生観を共有できるかが重要です。私が持っている、あるいはジールという会社の社員が持っている人生観を早く共有してもらうためには、厳しい仕事を一緒にして、壁にぶつかりながら話をしていくのが一番です。人間は成功しているときより、失敗したり、壁にぶつかっているときのほうが、人の話をよく聞きます。そういうときに、本気で人生観について話し合い、自分の人生についても考えてもらうんです。私は、人生は悔いの残らないようにがんばらなければ意味がないと思っていま

す。たまたまＩＴという業界にいて、その分野でのミッションを背負っていますが、そのミッションを通して人間的に成長していくべきなのです。『燃え尽きましょう、いつの日か前向きに倒れればそれでいい』といった人がいますが、私もその通りだと思います」

エンジニアは特に自己満足になりがちだというお話でしたが、そのあたりで気をつけていることはありますか？

「先ほどお話しした、気持ちや人生観の共有が一番重要ですが、もちろん具体的な仕事の意義も伝えるように心掛けています。この仕事は、本気で仕事に取り組んで三年もすれば、一通りのことを覚えてきます。そこでより上のレベルを見せることができなければ、本人のモチベーションも上がってきません。社員にこちらから具体的な目標を与えてあげたこともあります。ヤル気がなくなっているときは、とにかく目標を持たせることで、元気が出ることもありますから。小さくても成功体験を持つことが、将来的に大きなプラスになるのです。ただし、そのような場面でも、社員には、『自分の仕事が本当にお客さまのためになっているのか』『自分は本当は何をすべきなのか』をしっかりと考えてもらいたいと思っています。考える人間をつくっていかないと、企業は発展しませんから」

目標管理といった制度についてはどのようにお考えですか？

「私は、目標管理とは組織が動いていくうえで絶対に必要なものだと思っています。目標を設定し、実行していくことは重要です。しかし、企業文化の下に実施される血の通った制度でなければいけません。本人が本当に目標を理解して、上司も部下も『よし、これで力の限りがんばってやろう』と共感できるような、本当の意味で熱い目標を持って、日々の仕事に向かっていかなければいけないのです。ルールだけになってしまうと、ルールに頼ってしまい、ものごとを考えない人間が増えてきます。ルールから幸福は生まれない、これは絶対に正しいと思います。ですから、まずルールありきではなく、会社の文化や考えを補完するためのルール、制度を、タイミングよく取り入れていかなければいけないのです。繰り返しになりますが、目標管理をきちんと運用していくことは重要ですが、形だけのものにしてはいけないと思います」

最後に、ご自身の経験も踏まえ、山本社長は「仕事」というものをどのようなものだと感じていますか？

「私は、初めて勤めた会社で四年間は修業のつもりで本当にがんばって仕事をしました。給料は今から考えると安かったと思いますが、そのことを話したことは一回もなかったし、話すつもりもなかった。今の若い人にも、やはり、仕事の話をするときは、『自己実現』について話してもらいたいと思っています。お金はあとからついてくるものですから。あと、今は社長という立場になって、人が成長していくのを見るのが本当にうれしいですね。それが今の私の仕事へのモチベーションになっています」

第3章

「7つのしくみ」その2

社員と共有したい「発揮能力評価」の本当の意義

最近ではコンピテンシーという言葉でも表される
「発揮能力評価」は、顕在化された能力を評価するものです。
どんなに素晴らしい能力を持っていても、
それが目に見える形で発揮されていなかったら、
会社としては評価できないというわけです。
よって、発揮能力評価とは原則的に
「業績に直結する発揮された能力」を評価しなければいけません。
評価項目は職種ごとに「業績のよい社員」の行動を分析し、
その特徴を抽出することで整理することが一般的です。
しかし、「ものまね社員が増える」「個性ある人材が育たない」
「そもそも人によって、やり方はさまざまであるべきだ」
といった意見もよく聞かれます。
では、会社が社員と共有しておかなければならない、
発揮能力評価を実施する本当の意義とは
どういったものなのでしょうか。

1 仕事はやってみて楽しさを見つけ出すもの

行動なくして結果なし

「仕事はその本当の意味を理解し、納得したうえでするべきである」。確かにその通りかもしれません。この仕事はどのような経緯で生まれ、どのような可能性があって、社内ではどういう位置づけがされているのかを理解したうえでその仕事をすれば、より納得して取り組むことができます。もちろん、そこにやりがいを見つけ出すことも難しくないでしょう。しかし、いくら上司や先輩から仕事の意味を聞いたとしても、実際にやってみなければどのような仕事なのかわからないはずです。そして、やってみて初めて仕事の楽しさや苦しさを実感することができるのです。

今、ニートやフリーターが社会問題となっています。しかし、一〇年ほど前にフリーターという言葉が世の中に出始めたとき、その言葉は今とは違ったニュアンスを持っていました。それは、「やりたいことを探すためにあえてサラリーマンの道を選ばず、自分を自由な立場に置いている若者」といったニュアンスです。そこには決して否定的なイメージはなく、むしろ自由で新しい発想ができる若者像がありました。

それから一〇年余りが経ち、目的を見出せない多くのフリーターとニートが社会的な問題となっています。もちろん、フリーターをしながら自分の進むべき道を見つけ、立派に成長した若者も多いでしょう。しかし、現在、一〇年前には予想もできなかった五〇〇万人ともいわれる数のニートとフリーターが存在し、その数は年々増え続けています。

非正社員の活用に企業が積極的に取り組むようになった今、正社員でなければ職業経験が積めないというわけではありません。しかし、無目的に仕事をしながら、あるいは仕事をせずに、自分のやりたい仕事を見つけることはできません。むしろ、自分のやりたい仕事は、目の前の仕事を一生懸命にやりながら、一生かけて探していくものなのです。仕事ができるチャンスがあるのなら、まずは積極的に行動してみることです。ただ立ち止まって考えていても、そこには何も生まれませんし、何の結果も見出すことはできません。

そして、同じことが会社という組織でもいえます。「社内ニート」という言葉を、最近耳にするようになりました。これは、社員でありながらヤル気が出ず、実際に仕事らしい仕事をしていない状態にある社員のことをいいます。しかし、何もやらずにヤル気が出ないといっていても何も状況は改善しません。また、「自分のやりたい仕事ではない」と悩んでいても同じです。まずは行動に出てみる、そうすれば何かしら結果が生まれてきます。そこで少しでも成功を体験することができれば、知らず知らずのうちに状況を変える力が身についてくるでしょう。

行動を変えれば考え方も変えることができる

人は自分の考え方を変えようと思っても、そう簡単に変えることはできません。しかし、行動を変えることで考え方を変えることは意外に容易にできます。

ある会社の新人のAさんは、とにかく慎重で、自分が確実にできそうな仕事しか取り掛かれないほどでした。少し無理な仕事がくると、あからさまに否定的な言葉を発して、チャレンジをまったくしなかったそうです。そこで、上司はAさんに否定語を使うことを禁止し、まずは「やってみます」というようにさせました。そして、失敗も恐れず難しいと思われる仕事もどんどんチャレンジさせていきました。半年後、Aさんはどうなったでしょうか。若手の中でも、最も積極的で業績を上げる社員に成長していたのです。

これは、もともとAさんが素直なこころを持っており、上司のいうことを徹底的に実行したからですが、人間の思考というのは結局、行動にその多くの部分を支配されているものです。積極的な行動をすれば、前向きな思考ができるようになります。その行動を習慣にしてしまえば、無意識のうちにいろいろなことができるようになるものです。それは、朝起きる時間にしても、あいさつの声の大きさにしても同じです。頭でいろいろ考えて、「やっぱり自分にはできないや」とか「自分とは考え方が違うからやめておこう」と思う前に、やろうと思った行動を取ってみることが、自分自身を成長させるための第一歩なのです。

業績＝能力×努力×ヤル気（考え方）

個人にしても会社にしても、業績（成果）を上げるための法則は、

能力×努力×ヤル気（考え方）

だといわれています。

業績はこの三つの要素の掛け算で、その結果が決まってくるのです。業績を上げるためには、その要素一つひとつを大きくしなければいけません。これは、足し算ではないところが重要なポイントです。いくら能力が高くて一〇〇だったとしても、努力とヤル気が一ずつしかなければ業績は一〇〇です。三つすべてが一〇〇だった人は一〇〇〇〇になりますから、その一〇〇分の一の業績にしかなりません（図5参照・七二ページ）。

この法則は、仕事の現場でも実感できるのではないでしょうか。いくら能力があっても努力をしなければ何かを成し遂げることはできませんし、またその努力も自らヤル気を持って積極的に行うのと、やらされているのでは、結果が大きく違ってきます。

もう一つ重要なことがあります。それは、能力と努力については、能力はなければゼロ、努力はしなければゼロです。しかし、ヤル気（考え方）には、マイナスというものがあるのです。能力と努力があっても、マイナス思考で後ろ向き、あるいは悪いことを考えている人がいたとしたら、結果として業績（成果）はマイナスになってしまいます。

図5 業績（成果）を上げるための法則

能力	×	努力	×	ヤル気（考え方）	=	業績
10	×	1	×	1	=	100
10	×	1	×	5	=	500
10	×	10	×	10	=	1,000
10	×	10	×	−10	=	−1,000

たまに、能力があってそれなりに努力もするけれど、組織に対して否定的なことばかりをいったり、上司や同僚の悪口ばかりをいっている人を見かけます。このような人は、個人的な業績がよかったとしても、組織としては大きなマイナス要素を周囲にまき散らしているのです。これでは個人的にも会社にとってもプラスにならないばかりか、大きなマイナスを生み出してしまいます。

仕事はまずやってみることが重要です。しかし、それは決して「やらされている」と思ってやるのではなく、自分からその仕事を通して何かをつかみ取ってやろうという気概で取り組まなければいけません。そうしなければ、やっていることを通して見えてくるはずのものも気づかないまま時間だけを過ごすことになり、結局、満足な結果を得ることはできないのです。

2 量をこなすことで見えてくる仕事の効率と質がある

まずは量をこなすことが仕事の理解につながる

あるシステム開発会社の社長から興味深い話を聞きました。彼は、今のシステムは非常に効率的に構築できるようになっていて、三〇年前にコンピュータが普及し始めた頃に比べ、少し勉強したら誰もが現場で活躍できるような技術を身につけられるといいます。しかし、コンピュータとして根本的な問題が生じた場合、その運用をストップしてしっかりとした修理をできる技術を持つ技術者はかなり少なくなってきているというのです。

また、ある大手企業は、基幹システムのバージョンアップを繰り返し、今は効率的に運用できているものの、いざトラブルが発生したときに誰がどこまで復旧させることができるか把握できていない状況にありました。その会社は、数年にわたって全面的にシステムを基本から組み立て直すプロジェクトを進めることを決定したそうです。

何ごともそうですが、まずは基本をしっかりと繰り返して自分のものにすることが大切です。長くその仕事を続けていくためには、どうしてもテクニック的なことの前に、「仕事のやり方」ともいうべき基本を身につけなくてはいけません。

あるサービス業の社長がいっていた言葉ですが、「仕事は三～五年は徹底的にやり切る時期がなければいけない。そうすれば、仕事のコツのようなものがつかめる。それと同時に、自分はここまでがんばれるのだという自信もつく。さらに、この期間に何度かの成功を体験しているだろうから、仕事を成し遂げることの感動や喜びも味わっている。このレベルにまできた社員は、勝手に自分で仕事をつくり出して成果を出していく」のです。そして、この徹底的に仕事をやり切る時期は、若ければ若いほどいいのです。それは、失敗は若いうちにしておくほうが挽回しやすいですし、単純に体力的にも無理がきくからです。

一度仕事のコツをつかんでしまえば、その後はそれまでのようにがむしゃらに努力する必要はなくなります。もちろん、常に努力と勉強は必要です。しかし、基礎ができていれば、少しの努力で仕事の本質に迫ることができて、さまざまなことを身につけられるのです。

初めから効率的に仕事を行おうとすると、仕事の本質に気づかない

先ほども述べましたが、仕事の本質を学ぼうと思うなら、最初は非効率だと思うこともやってみなくてはいけません。とはいっても、当然、会社の中には役割があり、仕事は決まった時間の中でやらないといけません。ですから、上司や先輩から教えられた効率的なやり方をまねなければならないでしょう。しかし、それだけをやっていても成長はストップしてしまいます。考えてみれば当然のことです。教えられることはすべて会社の先輩たちが成功した体験であっ

て、それだけをしていても現状以上の成長はありません。成功体験をしっかりと受け継ぎながら、さらに会社も自分も成長するための方法を見つけ出していかなければ、成長はストップしてしまうのです。そして、仕事の本当の楽しさは、この成長の過程にあります。

ある会社では、人数の少ないときは営業マンが自分で見込み客のリストを集め、その見込み客に電話をかけて訪問するという営業方法を取っていました。そして、その手法が徐々に成功すると、より効率的に顧客リストを管理し、電子メールや自動ダイレクトメール発送のシステムを構築するようになったのです。新しく入った営業マンは、その最も効率的な営業方法を教えられて営業しましたが、なかなか成果を出せません。よくよく調べてみると、効率化をはかった結果、逆に一人の営業マンが獲得するお客さまが以前の半分に減っていました。この事実は、仕事が単にシステム的な効率だけで成り立っているのではないということを証明しています。営業マンはシステマチックになった自分の仕事に、以前の営業マンほどありがたみを感じることができなくなっていたのです。

いくら効率的になったとしても「作業」となってしまった仕事ほどおもしろくないものはありません。そして仕事を単なる「作業」と見るか、意味のある「仕事（ミッション）」と捉えるかは、本人の考え方と経験によって決まってくるのです。ですから、初めて取り組む仕事はできるだけ自分でいろんな意味を考え、実践して、「なるほど、やはりこのやり方は効率的だ」と納得することが重要なのです。

◉自分が経験したことは他人（お客さま、部下）に伝えることができる

私たちはコンサルティングという仕事をしていることもあって、よく講演を行います。講演を行っているとき、どんなテーマでもそうなのですが、お客さまの多くが必ず資料から顔を上げて話を聞いてくれる瞬間があります。それがどんな内容の話なのかといえば、重要な理論の話をしているときではなく、「実際に先月、このようなことがあったのですが……」という実体験の話をするときなのです。実際に自分が経験したことを他人に伝えるのは非常に難しい作業です。しかし、訓練しだいでできるようになります。

初心者が仕事をする場合、なぜこの作業がこのタイミングで行われているのか、理解できないことが多くあります。そんなとき、「いずれわかるから」とか「昔からルールで決まっているから」といわれても、説明を受けた側は納得できません。体験してみないとおそらくわからないだろうといったことも、先輩や上司が自分の体験を話してあげることで「そんなものなのか、まずやってみよう」という気持ちになれるものなのです。

例えば、あなたが工場で働く社員だったとします。その工場ではある作業が半年後に機械化されることが決まっていて、今後はその作業が一〇分の一の作業量で済むことになっていたとします。もしあなたに、あと半年だけその作業をやる役割が回ってきたらどうしますか？

普通は、「どうせなくなってしまう作業なんだから、適当にこなしておこう」と思うでしょ

う。しかし、少し発想を変えると、その作業はあと半年しか体験することができないのです。しかも、機械化されるといっても人間の代わりに機械が行うだけであって、もし機械が故障してしまえば緊急的にまた人間がその作業をしなければなりません。そうなれば、仕事の本質部分を理解しているあなたが、重要な役割を担うことになるのです。

仕事は効率化される前の、より原始的なところにその本質部分が隠されていることが多々あります。その部分をしっかりとマスターしておくことは、長く仕事をしていくうえで、決して無駄なことではないのです。

3 なぜ能力は発揮されなければいけないのか

何か一つ武器を持ち、その能力を発揮することで自信が生まれる

日本の会社は長く「能力主義」でした。この人はこれくらいの能力があるだろうということが重要視され、職務の遂行能力よりも社内の文化や人間関係を熟知して、あらゆる場面で円滑に仕事を進めることが求められてきました。

しかし、時代の流れの中で、仕事が高度化、専門化するに従い、「何でもできる」というゼネラリストは、逆に「何もできない」と見なされるようになってきています。これは多くの人

にとってチャンスが広がっていることを意味します。なぜならこれからの時代は、自分が得意とする「何か」を見つけさえすれば自分の人生を切り開いていくことができるからです。

しかし、この得意の「何か」で人生を切り開いていくには一つ絶対的な条件がつきます。それは、その能力が発揮できる場所を自分で探さなければいけないということです。いくら素晴しい能力を持っていたとしても、その能力を発揮することができなければ、文字通り宝の持ち腐れになってしまいます。逆に能力を発揮する場所を見つけさえすれば、その場所で経験を重ね、より自信を深めていくことができるのです。

「できるようになったらやる」ではいつまでもできない

よく何か頼みごとをしたときに、「できるようになったらやる」という人がいます。このような言葉をいっている限り、いつまで経ってもできるようにならないでしょう。なぜなら「できるようになる」ためには、まずはやってみなければならないからです。

心理学者のクランボルツによると、キャリアの八〇%は偶然によってつくられるそうです。これは人事の現場を見ていると、かなり的を射た数字だと実感します。高校や大学を卒業した時点で天職を見つけられている人はほとんどいません。大多数の人が、「少し興味のある」仕事に就いてみて、その中から自分に合った仕事を見つけていくのです。ですから、仕事はまずできるようになるためにやってみることが重要です。自分が発揮できる能力を一つつくるのです。一つのことができるようになれば、次のステップに進むためにその仕事に関連するさまざまな知識や技術が求められるようになります。こうしてキャリアはつくられていくのです。

よく地位が人をつくるといわれます。ある専門メーカーに就職したAさんは、人と話すのが苦手で、工場があって職人的な仕事ができるその会社を選びました。Aさんはまじめに働き、一年後には一通りの仕事を覚えて、だいたいのことは人に教えることができるレベルにまでなりました。それを見た社長は、Aさんにパート従業員をまとめるリーダーの役割を任せたのです。初めは「逃げ出したい」、「自分にその適性がない」と思ったAさんですが、誠実にパート従業員一人ひとりと接するうちに、どのリーダーよりも信頼される人物に育っていきました。Aさんは自分の力で新しい能力を発揮することに成功したのです。

一つの発揮能力がその人を創っていく

能力を発揮することは、周囲の目に触れるということです。素晴しい能力を持ちながら、その能力を発揮せずに（あるいは発揮できずに）、じっとチャンスを待っている人がいるとしたら、これほど不幸なことはありません。

例えば、英語が堪能な営業マンがいたとします。この営業マンが普段から海外からの電話など本来の業務外のことでも能力を発揮していれば、「英語のことなら○○さんに相談しよう」と周囲に認識されるはずです。もしこの会社で海外の企業と契約することになったら、「契約書を訳してくれないかな」と頼まれることがあるかもしれません。このとき、彼は普段の営業では経験できない、海外の企業との契約書の作成という仕事に触れられるのです。

能力は自分のためにあるのではなく、能力を利用する人（サービスを受ける側）のためにあります。そして利用してもらうことで、よりその能力は磨かれていくのです。一つの能力を発揮し始めると、その能力を軸にさまざまなチャンスが舞い込んでくるようになります。その中からさらに自分の興味があり、磨くことができる能力を見つけていけば、自然と本人のキャリアアップにつながっていくのです。

「発揮能力評価制度」の構築・運用法

まずは会社が評価する発揮能力を抽出する

発揮能力評価を行ううえで最も重要なのが、どのような行動を評価するかという項目です。評価項目を抽出する過程で注意すべきポイントとして、次の二つを挙げることができます。

- その発揮能力が発揮されることで、近い将来、業績に貢献することが予想される。
- 会社や上司が、社員や部下に行ってほしいと思う行動である。

何度も繰り返しますが、能力があってもそれは発揮されなければなりません。能力には発揮能力と保有能力があります。社員の保有能力は、「7つのしくみ」の配置転換や教育訓練、処遇における昇格において反映されるべきもので、会社として把握しておかなければいけないものです。

しかし、プロセス評価は、原則として普段の業務の中で発揮される場面があって、それが業績につながらなければ評価することはできません。そして発揮能力というだけに、発揮されていることが他者から見て取れるものでなければならないのです。このプロセスを示すことは、会社にとって最も早く社員に成長してもらうことになります。なぜなら、会社としての成功ノウハウをそのまま行動レベルにまで落とし込んで、それを実践してもらうことになるからです。もう一つの条件、「会社や上司が社員や部下に行ってほしいと思う行動でなければいけない」という点ですが、これは、いくらその能力が発揮されて結果に結びつくことが確実な行動でも、それが会社の方向性と違っていては会社として評価するわけにはいかないということです。先ほど説明した内容が**ノウハウの伝承**であるとすれば、こちらは**企業文化の伝承**ともいうべきものです。

会社は「とにかく結果さえ出ればいい」というものではありません。経営理念に従い、ポリシーを持って仕事を進めているはずです。会社のイメージや中長期的な視点から、「そんなやり方をしてまで売り上げを上げる必要はない」ということもあるのです。この経営理念、会社としての仕事の進め方などを大事にしなければ、いずれ社員の中で経営理念に対するほころびが生じ始め、組織の崩壊へとつながりかねません。

発揮能力の抽出方法

では、具体的にはどのように評価すべき発揮能力を抽出すればよいのでしょうか。評価すべき発揮能力は、職務の種類、レベルによって異なります。代表的なものは、職務、レベルにおいて最も成果を出している社員の行動パターンをヒアリングや観察で抽出する方法です。

他の社員よりも成果を上げている社員は、必ず他の社員と違ったことを考え、あるいは気づき、実際に行動に移しているはずです。それが何なのかを見つけ出すのです。ただし、本人へのヒアリングでは、意外に本人がその優れた行動に気がついていないということを頭に入れておいてください。というのも、本人にとっては当然のことで、取り立てて優れたことをしているという意識がない場合が多いからです。

安定的に成果を出す優秀な社員の行動パターンは、その上司のほうが把握している場合が多いようです。その上司に対して、「優秀な社員を思い浮かべながら、あなたがこの会社の一員として期待する行動パターン、発揮能力を教えてください」という質問を繰り返しながら発揮能力項目を抽出していけば、かなり具体的に会社が求める社員像を描くことができるでしょう。

私たちの経験から、一般的に社員の発揮能力は、図6（八四ページ）のように大きく二六項目に区分することができます。「個別のヒアリングではなかなか具体的な項目が出てこない」「出てきた発揮能力を体系化してまとめることが難しい」場合は、まずはこの二六項目のうち、各レベルや各職務で、必要と思われる発揮能力を五～七項目選んでください。そのうえで、具体的な行動例を自社で実際の職場を思い浮かべながら設定してください（図7・八六ページ）。

どのレベルまで具体的な項目にするかは、各会社、各部門の職務の状況によって違ってきます。定型的な仕事を皆が行うような会社の場合は、かなり具体的なレベルまで落とし込むこと

図6 発揮能力項目とその定義（例）

★★★必要度が極めて高い
★★必要度が高い
★必要である

	発揮能力項目一覧	定義	等級別必要度	
1	持続性	一つの決められた事柄を根気強く確実に継続することができる	新人 中堅 幹部	★★★ ★★ ★
2	徹底性	一つの事柄に細部までこだわり、理解し、100%の状態に仕上げることができる	新人 中堅 幹部	★★★ ★★ ★★
3	慎重な行動	行動を起こす前、結論を出す前に、ミスを想定し、行動できる	新人 中堅 幹部	★★★ ★★ ★★
4	業務処理（ルーティンワーク）	定型的に行う業務を、ミスなく効率的にこなせる	新人 中堅 幹部	★★★ ★★ ★
5	新規顧客獲得	新たな顧客を獲得するための行動がとれる	新人 中堅 幹部	★★★ ★★ ★
6	顧客維持	顧客を維持し、さらに既存以上の売り上げにつなげる行動が取れる	新人 中堅 幹部	★★★ ★★ ★
7	営業的・接客対応（店舗など）	売り上げに直結する営業的なサービス、対応、クレーム処理ができる	新人 中堅 幹部	★★★ ★★ ★
8	営業外・接客対応（社内において）	売り上げには直結しない営業以外の接客対応、サービス、クレーム処理ができる	新人 中堅 幹部	★★★ ★ ★
9	確実な伝達	社内・社外において、相手に確実に早く必要な情報を伝えられる	新人 中堅 幹部	★★★ ★★ ★★
10	専門的技術の発揮	会社業績につながる専門的な技術を発揮できる	新人 中堅 幹部	★★ ★★★ ★
11	企画立案・推進力	企画を立案し、具体的なアクションを起こせる	新人 中堅 幹部	★ ★★★ ★★
12	ムードメーカー	仕事を円滑に進めるために周囲を気遣った、職場を盛り上げる発言、行動ができる	新人 中堅 幹部	★★ ★★★ ★
13	効率的な行動	コスト、時間を意識した行動が取れる	新人 中堅 幹部	★★ ★★★ ★★
14	安定した行動	周囲の状況に変化やトラブルがあった場合も通常通りの言動・行動が取れる	新人 中堅 幹部	★★ ★★★ ★★
15	ストレス耐性	ストレス、プレッシャーが続いても、普段通りの行動が取れる	新人 中堅 幹部	★★ ★★★ ★★
16	柔軟性	状況の変化や他人の意見を正確に把握し、考えを変えて最も適切な方法を迅速に取れる	新人 中堅 幹部	★★ ★★★ ★★
17	人材育成	部下を今より高いレベルに育てるための行動が取れる	新人 中堅 幹部	★ ★★★ ★★
18	社外とのコミュニケーション	社外の人と円滑に仕事を進めるために、人間関係をつくり、維持するためのコミュニケーションが取れる	新人 中堅 幹部	★★ ★★★ ★★★
19	社内でのコミュニケーション	社内の人と円滑に仕事を進めるために、人間関係をつくり、維持するためのコミュニケーションが取れる	新人 中堅 幹部	★★ ★★★ ★★★
20	問題解決	問題を把握し、解決するための具体的な行動が取れる	新人 中堅 幹部	★★ ★★★ ★★★
21	アイデア・発想	新しい考えを見つけ出し、実際に業務に関連する形で提案できる	新人 中堅 幹部	★★ ★★★ ★★★
22	自律行動	自分軸を持った、信念に沿った行動が取れる	新人 中堅 幹部	★ ★★ ★★★
23	決断力	今ある情報をもとに、最適な判断を下して行動、指示できる	新人 中堅 幹部	★ ★★ ★★★
24	リスク管理	あらゆるリスクを想定し、対策を立てておくことができる	新人 中堅 幹部	★ ★★ ★★★
25	情報収集	さまざまなルートを使い、タイムリーな情報を常に収集できる	新人 中堅 幹部	★★ ★★ ★★★
26	リーダーシップ	部下にヤル気を起こさせ、チームとしてより高い成果を上げるために、指示・命令を出し、引っ張っていける	新人 中堅 幹部	★ ★★ ★★★

が変わるような会社が運用する場合は、前述のケースほど具体的にできないかもしれません。

発揮能力評価の項目は必ず見直しが必要

会社は常に成長を続け、進化しています。一度作った発揮能力の項目も、バージョンアップしていかなければいけません。

発揮能力項目の抽出を、「単なる物まねであって、オリジナリティーがなくなる。そもそも、そんなことをやっていては自律性に富んだ社員なんて育たないじゃないか」と思われる方もいるかもしれません。しかし、最初から自社に合ったオリジナルの方法が見つかるということは、ありえません。昔から「守・破・離」という言葉があるように、新しいものを生み出すには、まずは過去の成功事例を研究し、まねてみることが最もよい方法なのです。

ただし、まねし続けるというのも逆に難しいものです。人にはそれぞれ性質があり、どうしても自分流にアレンジしていってしまいます。その中から、過去に行われていた方法より、よりよい方法が生まれてくることもあるでしょう。そのような場合は、柔軟に発揮能力の評価項目を変更すればよいのです。少なくとも、年に一回は、発揮能力の評価項目を見直す機会を設けておくとよいでしょう。

図7 発揮能力の具体的行動例（例）

	発揮能力項目一覧	定義	具体的行動例
5	新規顧客獲得	新たな顧客を獲得するための行動が取れる	常に新規の顧客を獲得するための企画を考え、実際に行動に移している 月に目標とする数の新規のお客さまとコンタクトを取っている 訪問した見込み客に対して、粘り強く、継続的にフォローの電話やメールを入れている
6	顧客維持	新たな顧客を獲得するための行動がとれ、顧客を維持し、さらに既存以上の売り上げにつなげる行動が取れる	顧客から要望がある前に、常に先に連絡を取って、顧客に不満を与えることがない 多くの情報を提供するなどして、顧客から別の顧客を紹介してもらったり、有益な情報を得たりしている 顧客に対して、情報収集を怠らず、現状取引以外の提案を次々に行っている
7	営業的・接客対応（店舗など）	売り上げに直結する営業的なサービス、対応、クレーム処理ができる	常にお客さまの立場に立った視点で、お客さまと話ができている 自社の商品について十分な知識を持っており、お客さまの求めに応じてわかりやすく説明できている クレームやトラブルにあっても慌てることなく、お客さまに不快感を与えることのない対応ができている
8	営業外・接客対応（社内において）	売り上げには直結しない営業以外の接客対応、サービス、クレーム処理ができる	電話対応などを積極的に行い、大きな声で適切な言葉遣いができている 来客されるお客さまに対してそつなく応対し、不快感を与えることがない 社内の状況を常に把握しており、社員の不在時などに適切な応対ができている
18	社外とのコミュニケーション	社外の人と円滑に仕事を進めるために、人間関係をつくり、維持するためのコミュニケーションが取れる	社外のキーパーソンと、立場を意識しつつもプライベートな話ができるほどの人間関係をつくっている 顧客のキーパーソンが誰であるかを常に把握し、定期的にアプローチしている 業務に関連することについて、相談したり情報を交換できる社外の協力者をつくり、連絡を取り合っている
19	社内でのコミュニケーション	社内の人と円滑に仕事を進めるために、人間関係をつくり、維持するためのコミュニケーションが取れる	他部署の人間とも定期的に情報交換を行い、他部署の状況も理解した行動が取れている 社内で自らの業務を説明するときに、専門用語を使わずに、相手にわかりやすい説明ができている 普段あまり接点のない部署、年代の人とは意識して話す機会をつくっている
20	問題解決	問題を把握し、解決するための具体的な行動が取れる	解決策をスローガンではなく、工夫して具体的に立てることができている その場だけの解決策ではなく、根本的問題を分析し、解決策を立てることができている メンバー全員が理解、納得、実行できる解決策を立てることができ、周囲を巻き込んで行動できている

第 4 章

「7つのしくみ」その3

社員と共有したい「執務態度評価」の本当の意義

執務態度評価とは、
協調性、規律性など、
本人の仕事に取り組む姿勢や
態度を評価するものです。
もちろん、執務態度がいいからといって、
すぐに会社の業績に直結するものではありません。
しかし、会社という組織で業績を上げていくためには、
まじめにコツコツと働くことが基本となります。
社員一人ひとりの「凡事徹底」の蓄積が
会社業績につながるのです。
また、社員にとっては社会人として
最低限身につけておかなければいけないことなのです。
それでは、会社と社員が共有しておくべき執務態度評価の
本当の意義を見ていきましょう。

1 素直なこころが人生を変えていく

素直なこころとは

困難なことに直面すると、その人の本性が姿を現します。「逃げてしまう人」もいれば、「立ち向かって乗り越えていく人」もいます。「ピンチはチャンス」とよくいわれますが、頭ではわかっていても、なかなか気持ちがついていかないのが実際のところでしょう。そんなとき、困難に立ち向かっていける力を与えてくれるのが、**「素直なこころ」**なのです。

では、「素直なこころ」とは、いったいどういうものなのでしょうか?

経営の神様といわれた松下電器産業の創業者の松下幸之助さんも、生き方の中で最も重要なのは「素直」だといっています。一般的に「素直」というと、いわれたことをそのまま受け入れ、いわれた通りのことをすることだと思われがちです。しかし、松下幸之助さんがいう「素直」は違います。松下幸之助さんのいう「素直」とは、「どんなことでも偏見や思い込みを捨てて、ありのままを受け入れる」ということです。

つまり、目の前に壁が現れたときに、「無理だ!」とか「面倒くさい!」というマイナスの感情に引きずられることなく、目の前のできごとに集中して、何が起こっているのかを正確に理解することが大切なのです。そして、そうすることで、どんな困難なことでも自ら解決策を見つけることができるのです。

上司の話を「素直」に聞けるか?

「上司の話を素直に聞く」とは、上司のいっていることのいいなりになって、よい悪いを判断せずにその通りに行動することではありません。前述したように、「素直」というのは「いやだな!」とか「話が早く終わらないかな」などのマイナスの感情を排除して、上司がいわんとしていることを受け入れるということです。マイナスの感情があると、どんなに長い間、上司の話を聞いていても、上司のいわんとしていることを理解することはできません。

また、上司にしてみても、嫌われ者にはなりたくはありませんし、好きで注意をしているわけではありません。そんなとき、部下にマイナスの感情があると、上司はそれを感じて、本当のことをいいづらくなるものです。いいたいことがいえないから、話も長くなり、くどくもなる。そうなると、聞いているほうもますますマイナスの感情を抱くようになってしまいます。

このような悪循環が繰り返されている職場が非常に多いように思います。上司の話を「素直」に聞けるということは、本人の成長に大きく影響することなのです。

●人はなかなか変われない

「いくらいってもわかってもらえない」。部下を持ったことがある人なら、何度となく感じていることでしょう。人の行動は、その人の送ってきた人生を積み上げた結果です。生まれてから今まで送ってきた年月、取ってきた行動の結果が、今のその人の行動となって表れているのです。ですから、一年、二年、その人に注意してその通りにさせたところで、それまでの期間のほうが圧倒的に長いわけですから、その人の行動が変わるわけがないのです。

しかし、行動はその人がそうしようとさえ思えば、少しずつでも思った方向に変えることができます。すなわち、いくら周りが変えようとしても変えることはできませんが、その人自身が決心すれば、変えることができるのです。だからこそ、会社に入って組織の一員として活動していくには、「素直なこころ」が必要です。社会にはさまざまな「規律」があります。上司から指摘されたことを、どれだけ素直に受け入れることができるかで、その人の将来が変わってきます。なぜなら、人にいわれたことを受け入れれば受け入れるほど行動が改善され、人よりも早く成長し、成果を上げることができるようになるからです。

日々の執務態度をよくするには、まずこの「素直なこころ」がなければなりません。また、執務態度のみならず、会社であらゆる能力を身につけるためにも、「素直なこころ」がなければ始まらないのです。だからこそ、会社は「素直さ」を高く評価するのです。

2 積極的なこころが人生を明るくする

否定語は人にうつる？

ものごとがうまくいかなくなると、人は「無理だよ」「こんなに忙しいのにできるわけがないじゃないか！」などと否定的なことをいい出します。うまくいかない理由をもっともらしくつくり出して、その理由を周囲に一生懸命、説明し始めるのです。確かに、うまくいかないのは、それなりに理由があるからかもしれません。しかし、そういったことは、そもそもどうしようもないことが多く、いってどうにかなるものではありません。本人自身も口にしたところで解決できないとわかっているにもかかわらず、自分を正当化するためにいいふらすのです。

本人は口にすることですっきりするのかもしれませんが、聞いているほうはそうはいきません。人の言葉は、聞きたくなくても耳に入り込んできます。そして否定語を聞いているうちに、自分も何だかそんな気がしてきてしまうものなのです。不思議なことに、否定語には人を巻き込む甘美な魅力があるのです。

職場にいる誰もが順調に仕事をしているわけではありません。それぞれが無理難題を抱えながら、仕事をしているのです。そんなときに、困難な仕事から解放されるもっともらしい理由を耳にすれば、「なるほど、こういえば、今の仕事をやらなくて済むぞ」とか、「○○さんもできないんだから、私ができなくても当然だ！」などと、楽な方向へ流されてしまうのも無理はありません。人は弱いものですから。無意識のうちに、そうなってほしいと感じたものを真実だと思い込んでしまうのです。こうやって否定語は放っておくと人から人へ伝染していきます。

否定語を職場で乱発する人は周囲を不幸にする

口癖はこわいもので、何度も口にしていると、本人が本当にそう思っていなくても、無意識にその言葉が口から出てしまいます。「ふ〜、疲れた」などと、休み明けの月曜日の午前中から口にしている社員を見かけたことがあるでしょう。こういう人は本当は疲れていないのに、否定語が口癖になってしまっていてついつい口に出してしまうのです。

このように、日頃から否定語を口にし出すと、ことあるごとに否定語が出てきてしまいます。そんな否定語のあふれた職場で前向きに仕事をするのは大変です。他人の否定語を耳にして後ろ向きになった気持ちをリセットして、前向きな気持ちにシフトしなければなりません。いったん走り出した車を止めて、逆の方向に走り出すにはたくさんのエネルギーを必要とするように、気持ちをシフトするにもたくさんのエネルギーを必要とします。

「三〇％の社員が愚痴をいい出すと、その企業はつぶれる」とある社長はいいましたが、あなたの職場で否定語が飛び出すたびに、こうしたエネルギーが失われているとしたら、どれだけの損害が発生していることでしょう！

前に述べた通り、否定語は人から人へ伝染していきます。その結果、皆、もっともらしいことを理由に困難な仕事をやらなくなってしまいます。チャレンジしなくなった会社がどうなるのか……、その答えは明確です。この変化の速い世の中に対応できずに消えてなくなるでしょう！　否定語はなんとしても職場から追い出さなければなりません。

否定的な言葉はいった数だけ自分も聞くことになる

ある会社の社長から聞いた話なのですが、人生で、今思い出しても不思議なくらい何をやってもうまくいない時期があったそうです。その時期のことを思い出すと、どうやら社長自らが、会社の中で「ダメだな！」とか「なかなかうまくいかないな～」「疲れた」などの否定的な言葉を口にしていたのだそうです。

否定的な言葉をいったところで、現状を変えることなどできません。むしろ、否定的な言葉のイメージが目の前にちらついて、決して成功するようには思えないでしょう。言葉というものは、口から出ていくものですが、同時に耳に入り、脳に伝わります。つまり、否定的な言葉を口にすればするほど、否定的な言葉が自分の耳を通じて、脳に伝わるのです。

多くの人は、否定的な言葉をいうことで、その影響を最も受けるのが自分だということに気づいていません。先の社長は、このことを人から教わり、否定的な言葉が口から出そうになると、その言葉を飲み込んで、わざと積極的な言葉を口にするようにしたそうです。それからというもの、事業も順調にいくようになりました。

結局のところ、前向きな言葉が自分の気持ちも周囲の気持ちも前向きにして、その積極的な気持ちが困難を解決し、自分の人生も周囲の人生も明るくするのです。積極的な人と否定語ばかりを使う消極的な人との差は想像以上の結果となって表れてくるでしょう。会社は否定語を使わない、積極的な人を評価し、そのような社員を増やしていく必要があるのです。

3 思いやりを持ち、周囲を幸せにする人が自分も幸せになれる

能力が高ければいいという問題ではない

営業のグループが二つあるとします。一つは非常に能力が高い営業マンばかりが一〇人いるグループ。もう一つは、飛び抜けた能力を持つ営業マンはいないけれど、まとまりのある一〇人のグループ。営業成績を競い合ったら、どちらが高い業績を残すでしょうか？

この話をするときは、いつもプロ野球を思い浮かべていただくことにしています。お金をかけてスター選手ばかりをそろえたチームと、スター選手はいないけれど統率の取れているチームが戦ったらどちらが勝つでしょうか？

確かに、短期決戦ではスター選手をそろえたチームが勝つかもしれません。しかし、長いペナントレースの結果はスター選手ばかりのチームが優勝するとは限らないのです。スター選手がいなくても、チームのメンバーが自分の役割を認識し、その役割をまっとうすることで、スター選手ばかりのチームに勝つことができます。

ヒト・モノ・カネに満たされることがない中小企業にとって、スター選手ばかりをそろえることは、ほぼ不可能なことです。中小企業として大切にすべきことは、スター選手をそろえることではなく、チームプレーができるまとまりのあるメンバーを集めることなのです。

先日も、ある会社の社長から電話がかかってきました。「今度、業界大手の○○産業に勤めていた人がうちの会社に入社してくれることになったんだよ！　うちみたいなところに来てくれるようになったんだから、時代も変わったものだね！」と、喜んでいる顔が目に浮かぶようなはずんだ声でした。ところが、一カ月もしないうちに、「この間の○○くんなんだけど、ダメだな！　一人でやりたがっちゃって、会社がまとまらないよ！　どうしたらいいかな?」と、沈んだ声で電話がかかってきたのです。

確かに、この社員は能力の高いスター選手だったのかもしれません。しかし、協調性がなく全体のバランスを崩すようなスター選手は、組織には不要なのです。

◉誰かがやると思っても誰もやらない

本書の冒頭でも述べましたが、これからは「速い会社」が伸びていきます。一人でじっくり一つの仕事（企画）を完成させてから周囲に伝えるのでは遅すぎます。むしろ、仕事（企画）ごとに何人かでプロジェクトを組んでスピーディーに完成させ、それが完成した頃にはそのプロジェクトに参加した全員が、その仕事（企画）についての情報を共有している状態にあることこそが望ましいのです。

このような状態をつくり出すには、部があって、課があって、という一般的に「ライン」といわれるような組織では対応できません。むしろ、「ライン」を横断する形でのプロジェクトが有効です。「ライン」がフォーマル（正式な組織）だとすれば、「プロジェクト」はインフォーマル（臨時に組まれた組織）だといえるでしょう。これは、最近、多くの企業で取り入れられているやり方でもあります。

ところが、このやり方には思わぬ落とし穴があります。フォーマルな組織では、メンバーや組織の形が固定しているので、役割分担を明確にできます。しかし、インフォーマルなプロジェクトになると、メンバーが入れ替わったり、他のプロジェクトと掛け持ちしたりで、各人の役割分担が不明確になります。こうなると、ある仕事（企画）の重要な部分を誰もやっていないということが起こり得るのです。例えば、セミナーの会場を押さえていなかったり、会議の資料が作成できていなかったり、普通では考えられないようなミスが発生します。

このようなミスを防ぐには、どうしたらよいでしょうか？　ルールや規則をつくっても、横断的なプロジェクトでは、それぞれの役割を果たし切れないケースが圧倒的に多くなります。そこで重要になるのが、「協調性」です。「協調性」というと、「皆に合わせる」とか「わがままをいわない」という意味に捉えられるかもしれません。しかし、会社が求めているのは、相手のことを思いやり、相手の立場でものを考えられる気持ちなのです。皆が相手のことを思いやって少し余計に仕事をしたり、声を掛け合ったりするだけで、仕事はスムーズに進んでいくのです。

周囲を幸せにすることで自分も幸せになれる

「これは私の仕事ではありません！」。ある会社で、社長が事務の女性に出張のチケットの手配を頼んだときの台詞です。

その日は、たまたま総務の女性が風邪で休んでいたために、経理の女性に頼んだのでした。その女性は、大手の企業で経理の仕事の経験があり、専門知識があることを見込んで最近入社してもらった人でした。さっそく、社長は、この女性に次のような話をしたそうです。「確かに、あなたの専門知識を見込んで入社してもらいました。でも、経理処理だけをやってほしいわけではありません。同僚が休みの日や忙しいときに、手伝ってあげられるようなこころを持った社員になってもらいたいと思っています」。この社長は、常々、「私は社員を立派な人間にしたいと思って接している」と話します。先日も、社員の一人が地元の小学校のＰＴＡの会長になったと、自分のことのように喜んでいました。

このように、人にとって最大の喜びとは、他の人に何かしてあげて感謝されることです。本当に自分が幸せになろうと思ったら、自分だけが幸せになることはできません。自分の周りに不幸な人がいたら、それは幸せとはいえないからです。相手を幸せにすることで、自らも幸せを感じることができるのです。これは相手を思いやるこころ、すなわち「協調性」であり、会社はこのような「協調性」を持った社員をたくさん集めるべきなのです。

4 普段の行動が将来の自分に反映される

今の努力を見てくれている人が必ずいる

先日、ある金型部品製造会社を経営している社長に、事業を始めたきっかけを聞きました。その人は、ある大企業で約一〇年にわたって工場のマネジャーとして携わっていました。ある時期、彼は家庭の都合で当時勤めていた会社に毎日行くことができなくなり、実家の近くで仕事を探すために退職を申し出たそうです。すると、もとの会社の社長が、「出資してあげるから、今までの経験を生かして会社をやってみないか。最初は仕事についていても協力してあげるよ」といってくれたというのです。

もともとその仕事が嫌いではなかった社長は、その言葉をチャンスと捉え、会社を始めました。無職になるところがいきなり社長になってしまったわけです。その後ももといた会社のバックアップもあって、会社は順調に成長しています。その社長は「まじめにコツコツ仕事をしていてよかったです」と、笑いながらいっていました。地味でまじめな仕事は目立ちませんが、きちんと続けていれば、必ず誰かが見ていて評価してくれるものです。

こういったことを社員にも経験してもらう必要があります。世間には、一生懸命に仕事していても、すぐに成果が上がらないと、こんな仕事をしていても意味がないのではないかと思って仕事を途中で投げ出してしまう人がたくさんいます。こういった人のほとんどは、自分がやったことの代償をすぐ求めようとします。ところが、世の中はうまくできていて、その代償はすぐには手に入らず、忘れた頃に手に入るものなのです。

成功している社長にその秘訣を聞くと、ほとんどの人が「運がよかった」といいます。しかし、何もしないで、突然、「運」が舞い込んできたわけではありません。自分から「運」を呼び込んだのです。普段からコツコツとやってきたからこそ、それを見ている人がいて、手を差し伸べてくれたのです。そして、それを「運がよかった」と表現しているだけなのです。

一生懸命な姿は人を動かす

長嶋茂雄さんが監督時代に東京ドームの監督室に掲げていた、明治大正昭和の思想家、後藤清香さんの詩を紹介したいと思います。

本気ですれば
たいていの事はできる
本気ですれば
なんでも面白い
本気でしていると
だれかが助けてくれる
人間を幸福にするために
本気ではたらいているものは
みんな幸福で
みんなえらい

天才肌の長島茂雄さんにしてみると意外な感じもしますが、すべてに全力投球している長島茂雄さんにお似合いの詩でもあります。ものごとを一生懸命にやっていると、だんだん楽しくなっていくという経験が誰にでもあるはずです。少しずつでもうまくできるようになったり、早くできるようになってくると、自分自身の成長が感じられて楽しくなってくるのです。

しかし、レベルが高くなってきて、さらに大きなものごとをやり切ろうとすると、必ずといっていいほど壁にぶつかります。そんなときは、必ず仲間の力が必要になります。しかし、周りの人もそれぞれに自分自身の壁にぶつかっていますから、そう簡単には助けてくれません。

では、どうすれば、周りの仲間が助けてくれるのか? それは、そのものごとをやり切ろうという意志がどれだけ強いかによります。つまり、「どれだけ本気か?」ということにかかっているわけです。強い意志を持って何度も何度も壁に向かっていく姿は、周りの仲間のこころを変えていきます。周りの仲間に対して「あいつをなんとかしてやらなくては!」、そんな思いを駆り立てるのです。

日々の行動が将来の価値を決める

お釈迦さまの弟子に、何をやってもダメな弟子がいました。ある日、その弟子がお釈迦さまに、「弟子を辞めさせてください」といいました。すると、お釈迦さまがほうきを一本渡してこういったのです。「掃除だけをしていなさい」。その言葉を受けた弟子は、いわれた通りに、朝から晩まで徹底して掃除を続けました。その後、この弟子は高名な僧になったといいます。

会社が業績に直接関係しない「執務態度」を評価するのは、その社員の将来の価値を評価したいからなのです。特に新入社員はすぐに成果を上げられませんから、会社に収益をもたらすことはできません。それでも、会社はその社員の将来の価値を認めて投資しているのです。

ですから、社長は「執務態度」の項目に「うちの社員には、こういう人間になってもらいたい」という思いを込めるべきです。「執務態度」の項目を通して、人生を伝えていくべきなのです。そして、社員に対して、会社が執務態度を評価するのは短期的に賃金を決定するためではなく、**「社員の人生をよりよくするため」**であることを理解させなければなりません。

「執務態度評価制度」の構築・運用法

基本は執務態度四大項目

第１章でも述べましたが、執務態度評価とは、会社で仕事をしていくうえで、このような「心構え」「態度」で仕事に取り組んでもらわなければいけない、ということを評価するものです。これは、業績や業務に直結しないことであっても、会社の仲間としてずっと同じ方向を見て進んでいくためには、最低限、共有しなければいけないことでもあります。

執務態度の評価項目はどのような会社でも、通常、次の四つの視点が基本になります。

- **規律性**……社内規則を守り、職場秩序の維持、向上に努力しようとする意欲と姿勢
- **責任性**……自分が引き受けた業務を困難でも最後までやり遂げようとする意欲と姿勢
- **積極性**……自らの業務に創意工夫して取り組むだけでなく、自らの業務以外の業務や職場の行事などにも興味を持ち、課題として取り組もうとする意欲と姿勢
- **協調性**……組織の一員であることを理解し、同僚・部下・上司または他部署との関係を円滑にする意欲と姿勢

執務態度評価についても、発揮能力評価の場合と同じように具体的な行動例をいくつか示し、その行動ができていたかどうかを判断して評価を行います（図8）。執務態度評価は、一般的に入社して間もない新入社員にとって重要なものですから、新入社員のウエイトは高めに設定されます。逆に、中堅社員や幹部社員にとっては、できて当たり前の内容です。したがって評価に対するウエイトは、新入社員などに比べると、低めに設定されるのが一般的です。また、具体的な行動例は部署ごとに違ったものを作るのではなく、全社共通のわかりやすいものを作ったほうがよいでしょう。

マニュアル的な執務態度評価

執務態度をより具体的にして、マニュアル的に使用するのも有効です。この場合も会社全体の共通項目を作成して、それ以外に職場ごとに必要な努力項目や守るべき項目を示すようにします（図9・一〇六ページ）。

このような意識すべき執務態度項目は、紙に書いて職場に張り出すなどして全社員が常に意識するようにしておくとよいでしょう。目標管理での目標設定や、会社が求める発揮能力と同じで、執務態度の評価項目も社員自身がよく理解し、意識しておかなければ意味がありません。

特に、執務態度は「意欲を見せる」「姿勢を見せる」「努力する」ことができれば、すぐに成

図8 執務態度の具体的行動例（例）

執務態度項目	定義	具体的行動例
規律性	社内規則や規定を守り、職場秩序の維持、向上に努力しようとする意欲と姿勢	社内の規則を理解して守っており、上司の指示命令に沿った行動ができている
		会社の雰囲気・考え方に合った身だしなみや話し方を実践できている
		勤怠において問題なく、社内手続きなどの提出物も遅滞なく済ませている
責任性	自分が引き受けた業務について、困難であっても最後までやり遂げる意欲と姿勢	自らの役割を理解し、困難であっても回避することなく最後までやり通すことができている
		社内やお客さまに対する約束は必ず守っている
		トラブル時などでも、責任を転嫁したり投げ出すことなく、行動することができている
積極性	自分の業務だけでなく、他の業務や行事にも興味を持ち、課題として取り組もうとする意欲と姿勢	自分の業務以外でも、進んでかかわったり、建設的な提案を出すことができている
		自己を高める目標を常に設定し、果敢に向かっていくことができている
		上司や会社の指示がある前に、次に考えられる業務の準備を行うことができている
協調性	組織の一員であることを理解し、同僚・部下・上司または他部署との関係を円滑にする意欲と姿勢	自分が提案したことであっても、他者の意見のほうがよい場合はそれを受け入れることができている
		組織人として自己の位置づけを理解しており、他者への心配りができている
		自分の担当業務外のことであっても周囲のことに関心を持ち、よりよい関係を築いている

図9　マニュアル的執務態度項目（例）

例1　工場勤務者

1	仕事をする前に必要な準備（段取り）ができている
2	衛生上、品質上、マニュアルに決められた通りに製品を作っている
3	記録は、正確に、もれなく、きちんと行っている
4	業務終了後、後始末をきちんと行っている
5	物は所定の場所に常に置かれており、必要のないものは外に出している
6	周囲とは常にコミュニケーションを取れている
7	水、電気、ガスを無駄のないよう使用している
8	大事にいたる前に社長、上司、同僚を巻き込んで、素早く対処方法を準備している
9	常に整理をしながら、仕事をしている
10	作業手順の確認をルール通りに行っている
共通	目標を意識し、自分の行動を評価し、修正しながら仕事をしている
	朝礼に積極的に参加している（自分の意見を発言している）
	壊れているもの、不足しているものをそのままにせず、直したり、補充したりしている
	あいさつは相手より先に元気よく、明るく、大きな声でしている
	電話の取り次ぎ、クレーム対処など報告・連絡・相談をきちんと行っている
	お客様、上司、同僚、部下に対して、相手が喜ぶことを常に考え、実行している
	会社の経営理念を何も見ないでいえる

例2　事務所勤務者

1	電話がかかってきた担当者が不在のときは、メモで必ず伝えている
2	自分の仕事をこなしたうえで、他人の仕事にも協力している
3	退社時、後片づけをして、机の上下に何も残さずに整理している
4	来社したお客さまには、大きく明るい声で「いらっしゃいませ」「ありがとうございました」といっている
5	「どうしますか」ではなく、「こうしますがよろしいですか」と常に上司に聞いている
6	社長ならどうするか、何をいうのかを常に頭に入れて行動している
7	クレームがあったとき、通常業務に優先して、お客さまに対応している
8	クレームがあった場合、直ちに漏れなく、関係者に必ず報告をしている
9	常日頃から、仕事上での自分の目標、やりたいことを周囲に話している
10	依頼のあった資料は3分以内に提出している
共通	目標を意識し、自分の行動を評価し、修正しながら仕事をしている
	朝礼に積極的に参加している（自分の意見を発言している）
	壊れているもの、不足しているものをそのままにせず、直したり、補充したりしている
	あいさつは相手より先に元気よく、明るく、大きな声でしている
	電話の取り次ぎ、クレーム対処など報告・連絡・相談をきちんと行っている
	お客さま、上司、同僚、部下に対して、相手が喜ぶことを常に考え、実行している
	会社の経営理念が何も見ないでいえる

果に結びつかなくても評価されるべきものです。入社してすぐの社員にとって、目標管理で成果を出すことや、会社が求める能力を発揮することは難しいでしょう。しかし、執務態度なら心掛け一つで完璧にこなすことは可能なのです。そして上司は、目標管理や能力評価とはしっかりと区別して、この執務態度を評価しなければなりません。

ゲーム感覚の「NGワード撲滅運動」

執務態度で挙げた会社が求める行動を、より個人的に落とし込んで運用する方法に、「NGワード撲滅シート」（図10・一〇八ページ）を作成して意識し合うという方法があります。

これは、グループごとにメンバーが口癖のように使っているマイナスの言動を「NGワード」として使用禁止にし、それをチェック・管理していくというものです。また、「NGワード」だけを意識するのではなく、逆に社内を活気づかせる「GooD!!ワード」も推奨し、メンバー間でそれぞれ「NGワード」と「GooD!!ワード」の使い方を評価します。優秀者を表彰し、賞品などを出すのもいいでしょう。普段使っているマイナスの言葉や、マイナスの行動は、他人からは見えても本人はなかなか気づかないものです。ゲーム感覚で周りが指摘しやすい雰囲気をつくり、職場全体で執務態度のレベルを上げていくこの取り組みはとても効果的で、実際に私どものお客さまの職場でも成果を上げています。

繰り返し述べてきましたが、執務態度とは仕事をしていくうえでの、基本的な心構えです。

図10 NGワード撲滅シート（例）

○月度　　株式会社○○○○　NGワード・Good!!ワード

	NGワード・NG態度	本人評価	Good!!ワード				
A課長	・うつむきかげんで、小さな声で「はあい」↓ ・「いや、○○です」　「いえ、○○です」 ・話をしていても手を休めない	●●●	・素晴しい!!　・はい、そうですね。　・それはいいですね ・さすが!!　・ありがとうございます。そして…明るい笑顔				
			Ⓐ・B・C	A・B・Ⓒ	A・Ⓑ・C	A・Ⓑ・C	A・B・C
B係長	・流したあいさつ ・「ふむ、ふむ」という相づちから、Goodワードへ ・話をしていても手を休めない	●●●●	・素晴しい!!　・はい、そうですね。　・それはいいですね ・さすが!!　・ありがとうございます。そして…明るい笑顔				
			Ⓐ・B・C	A・Ⓑ・C	A・Ⓑ・C	Ⓐ・B・C	A・B・C
Cさん	・朝、下を向いて入ってくる ・ため息をつく ・「一応……」という言葉	●	・素晴しい!!　・はい、そうですね。　・それはいいですね ・さすが!!　・ありがとうございます。そして…明るい笑顔				
			Ⓐ・B・C	A・B・Ⓒ	Ⓐ・B・C	A・Ⓑ・C	A・B・C
Dさん	・声が大きい（お客さまが来ているときは特に注意!!） ・「今日はできません……」 ・陽焼けしすぎている	●●	・素晴しい!!　・はい、そうですね。　・それはいいですね ・さすが!!　・ありがとうございます。そして…明るい笑顔				
			A・Ⓑ・C	A・Ⓑ・C	Ⓐ・B・C	Ⓐ・B・C	A・B・C
Eさん	・ため息をつく ・「まじっすか～」（お客さまの前でポロッ……要注意） ・「お疲れさまで～す」「よろしいですか～」などの伸ばし言葉		・素晴しい!!　・はい、そうですね。　・それはいいですね ・さすが!!　・ありがとうございます。そして…明るい笑顔				
			Ⓐ・B・C	A・Ⓑ・C	A・Ⓑ・C	A・B・Ⓒ	A・B・C
Fさん	・「無理」という言葉 ・返事、あいさつを元気に!! ・否定的な言葉	●	・素晴しい!!　・はい、そうですね。　・それはいいですね ・さすが!!　・ありがとうございます。そして…明るい笑顔				
			A・B・C	A・B・C	A・B・C	A・B・C	A・B・C

この部分がしっかりとできていないと一〇年、二〇年にわたっていい仕事をし続けることは不可能です。

以前、ある社長がこのようなことをいっていました。

「新人を採用するときは、一緒に働きたいかどうかで判断しています。一緒に働きたい人というのは、基本的なあいさつができたり、素直に何でも吸収してくれる人です。面接した時点で多少の能力の差があったとしても、長い目で見れば基本ができている人のほうが必ず伸びますから」

働く人にとって執務態度は、まさに大地に張る根のように、しっかりと自分の中に根づかせなければならないものです。会社はその部分を、特に若い社員に対しては、長期的なスパンで評価すべきなのです。

第5章

「7つのしくみ」その4

社員と共有したい「人事考課」の本当の意義

人事考課とは、さまざまな角度から
人事評価の情報、その他の人事情報を収集し、
総合的な判断により今後の各社員の
処遇（昇給、昇格、賞与など）、配置、教育訓練の方針などを
決定する作業のことです。
つまり、これまで見てきた三つの評価の情報、
その他の情報をインプットし、
処遇、配置転換、教育訓練へとアウトプットしていくのです。
一見、「人事評価」と混同してしまいがちですが、
仕事ができる、できないだけを評価するのではありません。
さまざまな社員の情報をもって、
総合的に人事施策全般を実施するための
非常に重要な作業なのです。
それでは、会社と社員が共有しておくべき
人事考課の本当の意義を見ていきましょう。

1 人は認められることで喜びを感じ、成長する

人は誰かに認めてもらいたい存在である

心理学に交流分析という手法があり、その中に「ストローク」という言葉があります。これは、「その人の存在を認める何らかの行為」という意味です。人は皆、この「ストローク」を欲しているといわれています。誰かに気にしてもらっていることを確認できるだけで、人は安心した気持ちになれるのです。

それは仕事でも同じです。やって当たり前のことでも、誰からも何もいってもらえないとモチベーションが徐々に低下してしまいます。とはいっても、毎日褒めてばかりもいられません。だからこそ、年に一回もしくは二回、定期的に社員の仕事をしっかりと認めてあげる必要があるのです。そして、その機会が「人事考課」なのです。

よく中小企業の社長は「うちは小さいから人事考課は必要ないんだよ」といいます。確かに、中小企業の場合は人数が少ないので、社員の行動を常に把握できます。しかし、把握しているだけではダメです。その仕事ぶりに対して、社長がどう思っているのかを社員に伝える必要があるのです。

人事考課を行わないでうまくいっているというのは、社長が無意識に社員に「ストローク」を与えているからです。ですから、忙しくなって社員とすれ違いが多くなったりすると、社長から声を掛けてもらえなくなった社員は、元気を失ってしまいます。

日本には、「目と目で通じ合う」とか「以心伝心」という考え方があります。「何もいわなくてもわかってくれている」とか「言葉で伝えなくてもわかってくれるはずだ」というものです。しかし、本当にそうでしょうか？　社長がそう思い込んでいるだけではないでしょうか？

私たちがお客さまのところでヒアリングを行うと、ほとんどの会社で、社長は部下とコミュニケーションが十分に取れていると感じているのに対し、社員は十分でないと感じているという結果が出ます。つまり、社員は、社長の「ストローク」に飢えているのです。

ダメならダメといってほしい

「ストローク」が不足しているといいましたが、この「ストローク」は必ずしも「褒める」ことだけではありません。「その人の存在を認める何らかの行為」ですから、「ダメなときは、きちんとダメ」という必要があります。ダメなときにきちんとダメといわないと、社員はその行為が承認されたと思って、何度も同じことをします。

ただし、注意する際、気をつけなければならないのは、人格否定となるような「ストローク」は避けるということです。感情的になると、社長の「ストローク」が社員の心を傷つけることになりかねません。感情的にならないためにも、どういう行為がダメな行為で、どういう行為が評価される行為なのかをあらかじめ定めておく必要があります。このラインが一定でないと、社員は社長の目を気にして萎縮してしまい、自分でものを考えて行動できなくなります。

また、人前で注意をすると、自尊心を傷つけてしまったり、本音で話ができなかったりします。ですから、「ダメだ」というストロークを与える場合は、十分に話ができるように時間に余裕を持たせたり、人目が気にならないように個室で行ったりするなどの配慮が必要です。

2 長期的、多面的に見なければ、人の本質はつかめない

長所は短所の裏返し、短所は長所の裏返し

私どもは、直接、社員と接する機会も多いのですが、彼らは社長が思っているよりも、はるかにたくさんの仕事をしています。社長は、自分のところの社員を過小評価する傾向にあります。もちろん、自分の社員を厳しく見ることは必要なことです。しかし、あまり厳しくしては、先に述べた「ストローク」が不足することになってしまいます。

よくいわれることですが、「長所は短所の裏返し、短所は長所の裏返し」です。お客さまのところで実際にあった事例を紹介します。

以前、口下手で消極的な社員が入社してきました。当初、社長はその彼女を見て、「あれじゃ、三カ月も続かないんじゃないか?」と思ったそうです。しかし、実際に仕事をやらせてみると、コツコツとまじめに仕事をする非常に優秀な社員だったのです。彼女の場合、口下手で消極的に見えたのは、実はまじめさと慎重さの裏返しでした。彼女のポジションは経理で、まさに適材適所ということもあり、今では会社にいなくてはならない大切な人材になっています。

一方、口がうまくて営業成績が抜群の社員もいました。彼は創業以来の社員で、会社が小さいときから実によく働いてくれました。社長の信頼も厚く、将来、役員にしようとも考えていた社員でもありました。しかし、あることがきっかけで不正が明らかになったのです。

彼にしてみれば、最初は社長と一緒に夢を追い掛けて無我夢中で働いていたものの、社長に信頼されているのをいいことに独断で行った取り引きに失敗し、その穴埋めのために不正に手を染めていったそうです。一生懸命働いているように見えたのは、実は不正がばれないように嘘に嘘を重ねて仕事をしてきたというわけだったのです。失敗は失敗として認めて社長に報告すればよかったのに、自分で取りつくろうとしたのです。結局、彼の長所であるはずの積極性や独自性が自信過剰になり、謙虚さを忘れた結果、悪い方向に向かってしまったのでしょう。

このような例は、枚挙にいとまがありません。会社としては、定期的に人事考課を通じて社員の長所と短所を把握し、短所を戒めながら長所を伸ばしていけるように環境を整える必要があるのです。

好き嫌いで見てはいけない

人間、誰しも好き嫌いがあります。しかし、人事考課の際には、この好き嫌いを排除する必要があります。では、どうしたら、好き嫌いを排除できるのでしょうか？

よく、「人は鏡」といわれます。他人のこころの中をのぞけるはずもないのに、他人のこころの中がわかる気がするのは、自分の中にもその人と同じ気持ちがあるからです。

例えば、「あの人の身勝手なところがいやだ！」と感じたとします。それは、自分も同じような状況で身勝手な行動をしたことがあるから、そのように思うものなのです。あなたにも同じ身勝手なところがあるから、その行動を共通のものとして認識し、身勝手だと感じるのです。

つまり、人のいやだと感じる部分は、自分にもあるものなのです。そして、自分と同じいやなところが多ければ多いほど、その人のことを嫌いになります。相手も、自分と同様にその嫌いな部分で悩んでいるに違いありません。このように考えると、相手を許せたり、理解できるようになります。そのうえで相手を評価しないと、正しい評価はできないのです。

人は長期的に見る必要がある

成長のスピードは人それぞれです。決して同じスピードでは成長しません。先の経理の女性の例でもわかる通り、時間をかけて会社にいなくてはならない人材に成長することもあります。

前にも述べましたが、目標管理で「過去」を評価し、発揮能力で「近い将来」を評価し、執務態度で「遠い将来」を評価します。この評価結果が、処遇や配置転換、教育訓練へと結びつくのです。そして、この三つの評価の視点にそれぞれどのように重きを置くか、その後の処遇や配置転換、教育訓練にどのような形で結びつけていくかは、社員一人ひとりの置かれている状況によって変わってきます。

入社一年目の社員に成果を求めすぎることは無理がありますし、退職寸前の社員にまったく違う部署へ配置転換を命じることはよっぽどの理由がなければあまり意味のないことです。これらのことは、勤続年数と共に、その社員がどのような職務についているかによっても、大きくその判断を変えなければいけません。のちほど説明しますが、この職務の整理のために、会社は等級基準というものを整備し、効率的に人事考課を行っているのです。

さて、第1章でも述べたように、これまでの成果主義は、目標管理を中心に人事考課を行っていました。つまり、「過去」の評価に捉われすぎていたのです。その結果、社員の可能性を信じることができなくなり、先の女性のように時間をかけて育てるべき人材に、光をあてることができませんでした。そうなると、即戦力のある社員を採用することになります。確かに、彼らは優秀な社員かもしれませんが、経営理念の理解や人間関係ができていないと、どうしても会社の中がギスギスしてしまいます。

これからの時代に必要な人材は、経営理念を理解して自律して仕事をする社員ですから、当然、時間をかけて育てていかなければなりません。会社という組織は、五年先、一〇年先、三〇年先の成長を見ながら、人事戦略を立てていかなければならないのです。「成果」＝「過去」ばかりを見ていると、将来が見えなくなります。バランスよく「近い将来」や「将来」を評価し、五年先、一〇年先、三〇年先の社員に投資していく必要があるのです。つまり、「処遇」や「配置転換」や「教育訓練」といったしくみを通して、社員の成長に寄与していくことが必要なのです。

3 社員の長所を伸ばしていくことが、組織の成長につながる

短所を指摘されて喜ぶ人間はいない

ある会社を訪問したとき、社長が一人の社員に注意をしていました。そのいい方がその社員の人間性を傷つける表現を含んでいたので、社長と打ち合わせをするときに、「先ほどの注意の仕方に問題があるようなのですが……」と話したところ、「そんなことまでいっていましたか！」と本人はまったく気づいていませんでした。

確かに感情的になるとコントロールができなくなって、つい人を傷つけるいい方になってしまうことがあります。このことは、それだけその社員に期待をかけている裏返しだと考えるこ

ともできます。しかし、自分の短所を人前でいわれて、奮起する人がいるでしょうか？　何よりも、社長の口から出た言葉を他の社員が聞いています。社長自身、自分が何をいったか覚えていないようないい方ですから、他の社員がどのように感じたかは想像に難くありません。

結局、厳しいいい方をしても、本人がその短所を直そうと思わなければ意味がありません。前にも述べましたが、「長所は短所の裏返し、短所は長所の裏返し」です。社長は短所を攻撃するのではなく、長所を伸ばす指導をすべきなのです。人の長所と短所を合わせた量は決まっているといわれています。長所を伸ばせば、それだけ短所は減ります。そうであるならば、同じ厳しい指導でも、長所を伸ばすいい方を考えるべきといえるでしょう。

人には必ず長所がある

長所を伸ばす指導をすべきだといいましたが、これは本当にたいへんなことです。ある社長とこの話をしていたときに、その社長は「長所を探すにも探せないような連中ばかりですよ！」といっていました。もちろん社長であれば、そう思いたくなるときもあるかもしれません。しかし、このように思うのは、社長が社員を正しく評価することから逃げているからです。

もし社員にいいところがあるとしたら、会社がうまくいっていない原因は、社長の責任ということになってしまいます。人間、誰しも自分の責任にはしたくありませんから、つい相手に責任を押しつけたがります。つまり、社員の長所が見えないとするならば、それは本当の意味で、社長が会社に対して全責任を負っていないからなのです。

このように、社員の長所を見つけることは、社長の重要な仕事の一つです。そのことに気づいたある社長は、全社員の名前とその社員のいいところを毎日紙に書くという習慣を続けています。その社長がいうには、毎日そういう目で社員を見ていると、社員のいいところがたくさん見えるようになったそうです。社員には必ず長所があり、それを見つけて活用していくか否かは社長次第なのです。

人の成長で組織は成長する

では、どうして社員の長所を伸ばすことで会社の業績が上がるのでしょうか？　それは、長所を伸ばすことで、社員が自信を持つようになるからです。社員が能力を発揮できないのは、自分の能力に自信持てないからです。社長が社員の長所を認めてあげることで、社員自身もその長所を優れていると思うことができます。そして、そう思えた社員はその能力を発揮したくなるのです。

人事考課は、社員の長所を発見するよい機会です。人事考課は、成果としての「過去」、プロセスとしての「近い将来」、執務態度としての「遠い将来」の三つの視点で社員のよいところを見つけようとします。

逆に社員は、人事考課の機会に自分の長所をできる限り表現しなければなりません。ですから評価シートに記入漏れや空白が目立ったりするのは、本当にもったいないことなのです。それを社員に伝え、自分自身をアピールするように指導していかなければなりません。

人事考課後に、処遇や配置転換、教育・訓練を通して、「あなたにはこんなにいいところがある。その長所を生かして、この部署でこのような働きをしてほしい」ということや、「会社は将来的にこのような展開を考えているので、あなたにはこのような能力を身につけてほしい」ということを、会社、上司、社員で定期的に確認し合うことで、確実に社員満足は高まっていきます。そして、このような社員が増えることは、会社の成長へとつながっていくのです。

「人事考課制度」の構築・運用法

◉人事考課を行ううえで必要な二つの基本方針

人事考課とは、さまざまな角度から人事評価の情報、その他の人事情報を収集し、総合的な判断により、今後の各社員の処遇（昇給、昇格、賞与など）、配置、教育訓練の方針などを決定する作業のことです。

つまり、これまで見てきた三つの評価の情報やその他の情報をインプットし、処遇、配置転換、教育訓練へとアウトプットしていく非常に重要な作業なのです。そして、この作業をするにあたっては、会社として最低限決めておかなくてはいけないことが二つあります。

- 等級別の基準を定め、等級に会社としてどのような能力や役割を望むのかを整理する
- 各等級の社員を評価するにあたっては、三つの評価の視点のウエイトを整理する

では、この二つのことをどうやって行えばよいのか、具体的に説明しましょう。

◉――等級基準の構築には、業務ヒアリングシートを用いる

三つの異なる評価の視点とそれ以外の社員のさまざまな情報を整理するには、会社が社員の各役割に応じて求める能力、技術、人間性などの基準を決めておかなければいけません。これが、会社の等級基準です（図11・一二四ページ）。

人事考課では、実にさまざまな情報をもとに作業を行います。その情報とは主に、能力、知識、技術本人の性格、将来の夢、家庭環境、保有資格、発揮能力、保有能力（発揮されていないが保持している能力）などです。等級基準では、この中から特に会社が必要だと感じるものを基準として盛り込むようにします。

等級基準を作成する場合、組織が小さいうちは、自然と社員全員が職務の内容や各社員のレベルを把握しているので、社内で話し合ったり、外部コンサルタントが社長や幹部社員にヒアリングすることで作成することができます。

しかし、ある程度大きい組織の場合は、まず「業務ヒアリングシート」（図12・一二六ページ）を使うなどして、調査、整理する必要があります。この結果、職務によってはあまりにも求めるべき能力、知識、技術などの要素が違う場合があるかもしれません。そういうときには、等級基準を職務コースに分けて作るのがよいでしょう。この等級基準は、あらゆる人事制度の基準に位置づけられます。

知識・技能	与えられる権限	役職			早（年）	標（年）
社内有数の技術・知識を持ち、経営レベルに影響を与える能力を持つ	部門間の人事異動上申 部門内の人事異動決定 接待費、福利厚生費の使用	部長				
担当する業務分野において、部門を代表する極めて高い知識・技術を有し発揮する	部門内の人事異動上申 接待費、福利厚生費の使用	部長	課長			
担当する業務分野において、部門を代表する知識・技術を有し発揮する	部門内の人事異動上申 接待費、福利厚生費の使用		課長	係長	4	6
業務遂行にあたり、必要な専門知識・技術および業務に関連する周辺知識を有し発揮する	接待費、福利厚生費の使用			係長	4	6
業務遂行にあたり一般的基礎知識を持つ	1回5,000円までの消耗品の購入				4	8
業務遂行にあたり、最低限必要な知識を有し発揮する					3	6

図11 等級基準（例）

等級	等級基準	必要とされる能力
6	会社の方針を把握して、部門の方針を決定し、それについて会社を代表する立場で社外に対しても折衝、調整ができる。部全体を管理し、適切な指示でマネジメントができる。会社方針の企画立案ができる	リスク管理 企画立案・推進力 問題解決 決断力
5	会社の方針を把握し、他部門の情報も把握しつつ部の業務を遂行できる。部門の方針・企画を上申でき、他部署や社外の者と総合的な折衝や調整ができる	リスク管理 企画立案・推進力 問題解決 決断力
4	部門方針に基づいて業務を遂行でき、部全体の部下の指導と管理ができる。他部署や社外の者と総合的な折衝や調整ができる	リスク管理 リーダーシップ 自律行動 人材育成
3	部門方針に基づいて個人、あるいはチームリーダーとして与えられた業務を遂行できる。またチーム全体の部下の指導と管理ができ、他部署や社外の者と専門的な折衝や調整ができる	リーダーシップ 人材育成 ストレス耐性 確実な伝達
2	担当業務において基本的な指示を受け、自らの創意工夫で業務を遂行できる。他部門や社外の者と調整を行える。また、新人レベルの部下指導ができる	持続性 徹底性 慎重な行動 専門的技術の発揮
1	上司の指示を受けながら、定型的な日常業務をミスなく遂行できる	持続性 徹底性 慎重な行動 業務処理

図12 業務ヒアリングシート（例）

業務ヒアリングシート
現在やっている仕事の内容について具体的に記入してください

氏名	

	仕事の内容	必要な知識・技能など	難易度 4	3	2	1
日々の業務						
月サイクルの仕事						
年サイクルまたは非定期的な仕事						

あなたが自信を持っている能力・特技・資格などを書いてください
今就いている職務と関係ないものでも結構です

【難易度】
4. 極めて長い経験と高い知識・能力を要すると思う
3. 相当な経験と能力を要すると思う
2. 1年程度で誰でもできる
1. 誰でもできる

仕事についての感想など（自由記入）

それでは、等級基準の作り方を説明しましょう。

最初に、賃金水準や能力、知識、技能などによって等級のランクの数を決めます。図11では六つに分けていますが、この数は会社によってさまざまです。まずは作ってみて、調整しながら自分の会社に合ったものにしていきましょう。ある程度、形になってくれば、対応する役職、与えられる権限、標準的な各等級での滞留年数なども明確になってくるはずです。

これらはすべて、経営理念・会社方針・トップの考えに従って作られるべきものです。例えば、経験を重んじる会社なら、標準的な滞留年数を長めに設定すべきですし、マネジメントができなくても営業成績がよければ上位等級に昇格させるという考え方なら、そのような等級基準を作るべきです。

こういった決めごとは、一から考えるよりも、実際の社員をイメージしながら作るほうが、より自分の会社に合ったものを作ることができます。例えば、「Aさんはグループリーダーとして、チームの中心となって仕事をしてもらっている。でも、まだ部の会議で提案できるレベルにまで至ってないから、彼は三等級だな。今Aさんが持っている技術と権限はこのくらいだから、彼を三等級のモデルにしよう」というように、ディスカッションしながら等級基準を作っていくのがよいでしょう。

社員を評価するときは、三つの評価の視点のウエイトを整理する

等級基準ができたら、もう一つ人事考課として重要なことを決める必要があります。それは、三つの視点の評価をどのようなウエイトで評価するか、ということです。

評価は、「目標管理による成果」「発揮能力によるプロセス」、そして「執務態度」という三つの視点で行うと説明しました。今度は、この三つのどの部分に、会社として一番重きをおくべきかを決めければなりません。このウエイトは、当然、等級によっても変わってきます。

例えば、すでに部長として経営に携わっているような人材に対して、会社は「執務態度」を求めるでしょうか。一般的にいって、執務態度に問題がないと判断されて部長になったはずですから、いまさら「執務態度」を評価しても意味がありません。むしろ、彼は部門の長として、結果が求められる立場にいます。それならば、当然、評価の視点は「成果」のウエイトが高くなります。

一方、新入社員の場合は、全く逆のことがいえます。目標管理による「成果」を求めようにも、新人に業績に関連する目標を設定させたり、具体的な成果を期待するのは酷です。逆に、「執務態度」が、これからの長い職業人生を送るうえで、最も重要だといえるでしょう。

このように、会社の考え方に従って、三つの評価の視点のウエイトを決定していきます。一年目から結果を求める会社であれば、成果に対するウエイトを高めに設定すればいいのです。

会社としての考えを明確にし、それを全社員に伝えることが重要なのです。

図13（一三〇ページ）を見てください。これは、ある会社の昇給・賞与・昇格の基準です。一等級から三等級までが一般社員で、管理職はすべて年俸制を採用しています。まず、昇給の部分を等級ごとに見ると、どの等級でも発揮能力は五〇％のウエイトです。しかし、執務態度は等級が上がるごとにウエイトは下がり、逆に目標管理を軸とした成果の評価は等級が上がるごとにウエイトが増しています。これは、この会社が等級が上がれば上がるほど、より業績に直結する成果を求めているからです。

さらに、昇級と賞与を比較すると、全等級において昇級よりも賞与への反映のほうが成果評価のウエイトが高くなっています。これは、賞与が業績に左右されるものだからです。

この表を見ると、この会社は成果主義の人事制度を取りながら、しっかりと能力評価をしていることがわかります。というのは、賞与はかなりの差がつくように設定されていますが、昇格に関しては過去二期分の人事考課の結果と昇級試験、普段の働きぶりなどを総合的に見て判断しているからです。

繰り返しになりますが、これらの制度をつくるときは、会社の経営理念、方針などを反映させ、それを社員に伝えていかなければいけません。「成果主義」という言葉一つ取っても、月々の給料は安定していて賞与が大きく変動するのか、月々の給料自体が頻繁に上下するのかでは大きく違います。ですから、単なる言葉の説明で終わることなく、人事制度のしくみを理

図13 昇給・賞与・昇格の決定要素（例）

	昇給（7月）		賞与（7・12月）		昇格基準（3・7月）
一等級	成果	10%	成果	60%	
	発揮能力・技術	50%	発揮能力・技術	20%	
	執務態度	40%	執務態度	20%	
	総合評価 ●勤怠状況　●仲間意識 ●将来性　など	会社判断	総合評価 ●勤怠状況　●仲間意識 ●将来性　など	会社判断	
二等級	成果	30%	成果	70%	昇格試験
	発揮能力・技術	50%	発揮能力・技術	30%	人事考課 （過去半期評価2回の実績）
	執務態度	20%	執務態度	0%	総合判断 ●リーダーシップ ●スキル、人物性 ●社内への影響力　など
	総合評価 ●勤怠状況　●仲間意識 ●将来性　など	会社判断	総合評価 ●勤怠状況　●仲間意識 ●将来性　など	会社判断	
三等級	成果	50%	成果	80%	昇格試験
	発揮能力・技術	50%	発揮能力・技術	20%	人事考課 （過去半期評価2回の実績）
	執務態度	0%	執務態度	0%	総合判断 ●リーダーシップ ●スキル、人物性 ●社内への影響力　など
	総合評価 ●勤怠状況　●仲間意識 ●将来性　など	会社判断	総合評価 ●勤怠状況　●仲間意識 ●将来性　など	会社判断	

年俸者

年俸・レベルXの給与決定要素（7月）　□は特に重要視

レベルⅣ・Ⅴ（マネジメント・経営）			レベルX（専門職）		
勤続年数	職務能力（技術力）	職責	勤続年数	職務能力（技術力）	職責
部下人数	個人成果	部門成果	部下人数	個人成果	部門成果
会社業績	職種別市価値	将来への期待	会社業績	職種別市価値	将来への期待
その他、人物評価を含めた総合評価			その他、人物評価を含めた総合評価		

昇格基準	
昇格試験	社長面談
人事考課（過去半期評価2回の実績）	
総合判断 ●経営意識、発言力 ●人物制 ●社内への影響力など	

解してもらったうえで、その狙いを伝えておく必要があるのです。

また、社員一人ひとりの現在の長所、短所、そして過去の経歴や将来の期待までを総合的に見て、最もその社員が能力を発揮できる働き方を考えなければ、会社が活性化することはありません。会社の社員に対する真剣な思いが社員満足となって表れ、社員一人ひとりがその会社で働くことに魅力を感じるようになるのです。

特別インタビュー!

「企業人事現場・生の声」その2

「会社がいろんなキャリアビジョンを見せることが社員のヤル気につながる」

近年、株式会社メガネトップは急成長を遂げられていますが、人事制度の運用はどのようにされているのですか?

「現在、全国にグループで約四〇〇の店舗を展開していますが、これだけ多くなると全体でコミュニケーションを取るのは非常に難しくなります。また組織の成長期としては仕方のないことですが、入社三年目までの離職率も、若干高くなってしまっています。そこで社内調査を行い、社員のヤル気を高めるためにはどうしたらいいかを考えながら、制度を見直しました。まず手をつけたのは、昇格の基準を明確にして、何をやれば店長や管理職になれるのかをわかりやすくするということです。これまでは、現場で仕事ができる人が、ポストが空いたタイミングで店長に昇格していたのですが、これだと『何となく店長になる』というケースが出てきてしまいます。実力のある人は、そういった環境でも店長になっていきますが、新入社員はまず目指すべき店長への道筋が具体的に示されていないと、『何を、どのように』がんばればいいのかわからなくなります。やはり社員にヤル気を出してもらうためには、会社がビジョンや方針を社員に語り、会社の方向性を理解してもらわなければいけないと思います」

具体的にはどのような制度にされたのですか?

「社員には、店長の下にスタッフ一〜三までの等級があります。スタッフ一が店長候補ですが、このスタッフ一に上がるための能力基準を明確にして、昇格試験を実施することにしました。能力には、店舗で実際にお客さまと接する際に発揮される『発揮能力』と、日常的に使うことは少なくても、商品を扱ううえで身につけておかなければならない『保有能力』があります。上位の等級に上がるためには、まず保有能力を高めるための勉強をしなければいけません。昇格試験では、当社がオリジナルに作成した『能力チェックシート』でチェ

株式会社メガネトップ
人事企画部部長
阿部輝久氏

学習院大学卒業後、旅行代理店に入社。企画営業に従事する。退社後リクルートグループに入社し、コピーライター、クリエーティブディレクター、制作マネジャーを経験後、企画マネジャーとして教育事業の新規立ち上げに携わる。2004年11月に現職に就任後は、急成長する同社の中で人事制度改革、教育体系の構築などを次々に手掛け、数々の成果を上げている

ックしたあとに専門技能試験や面談を実施して合否を決定しています」

店長のポストが空いた地域への配置転換なども頻繁にあるのですか?

「配置転換や転勤は、入社一年目は原則として行っていません。一年目はまずじっくりと勉強をしてもらいたいと考えています。そのあとはできれば三年に一回くらいのペースで異動を行うのが理想です。若いうちにいろんな地域で勉強することは、とても大切なことです。ただ、年齢とともに家庭を持つようになると、異動が難しくなってきますので、そのくらいの時期になると異動は減ります。ある土地に落ち着きたい社員に対しては、『のれん分け』のような制度も考えています。ただ、社内には店長に向いていない人がいるのも現実です。そういう人には、別の分野で能力を発揮してもらいたいと考えています。その一つが専門の資格制度です。メガネを扱ってサービスを提供するには、加工技術やフィッティング技術、接客技術など、いろんな専門技術が必要になります。店長になることを選ばない人には、こういった分野でプロフェッショナルになってもらい、力を発揮してもらいたいと思っています」

教育訓練ではどのような取り組みをされているのでしょうか?

「今まで教育は現場でのOJTが主体でしたが、管理職(店長)の指導能力にはばらつきがあります。そこでまずは、基礎を学ぶためのマニュアル『はじめてのメガネ店』を配布することで、新入社員指導の標準化をはかっています。さらに、階層別の集合研修をさまざまなテーマで実施しています。私は教育研修には二つの効果があると思っています。一つは啓蒙の効果です。人は知らないことを知ることで未来が開けます。そのことを会社が気づかせてあげることは、社員のキャリアアップにとって重要なことです。もう一つは、マラソンの給水のような効果です。社員は皆、日々走り続けていて、現場ではなかなか一息つくこともできません。マラソンにも五キロごとに給水があるように、仕事も定期的に同期と集まって話をすることで、また仕事に向かっていく力がわいてきます。ですから、階層ごとの定期的な研修は、ただ単に勉強するだけでなく、社員のこころの面においても重要だといえます」

今後人事制度を運用するうえで重要だと思うことはどんなことですか?

「社員のモチベーションアップのためには、より社員満足を高める施策を会社は実施していかなければいけません。具体的には、魅力あるキャリアプランの提示と、社員それぞれのレベルに合ったタイミングのいい自己啓発教育が重要だと思っています。そのうえで、会社側も人事考課スキルをより高めていかなければいけません。会社が正確に社員の能力や将来の希望を把握し、整理しておかなければ、どんないい施策も十分な効果を発揮することは難しいですから」

第6章

「7つのしくみ」その5

社員と共有したい「処遇制度」の本当の意義

処遇制度とは、広くいえば
社員をどのように扱うかということで、
人事制度全般を指すこともあります。
しかし、ここでは人事制度を「7つのしくみ」に
分けた考えに沿って、人事考課の結果を賃金・賞与・昇格へ
反映することと捉えてお話しします。
簡単にいえば、「社員にお給料をいくら支払うのか？」
という問題です。
お金というものは人によってその価値が異なります。
社長としてはこれだけ払えば十分だろうと思っても、
ある社員は十分と考え、またある社員にしてみれば
そうでもないということが起こります。
では、会社と社員が共有しておくべき処遇制度の本当の意義は、
どのようなところにあるのでしょうか。

1 身の丈に合った額以上の収入は身を滅ぼす

お金があるから不幸になる?

世の中には、お金はあっても幸せではない人がたくさんいます。例えば、仲のよかった家族が、遺産相続のために争って憎しみ合い、ばらばらになってしまった話などはよく聞きます。

ある相続コンサルタントに話を聞いたところ、遺産相続でもめたときに、自分の持ち分を最後まで主張する人よりも、話がまとまるように自分の主張を引っ込める人のほうが、長い目で見ると、経験上間違いなく幸せになっているそうです。お金に貪欲な人は一時的にお金持ちになりますが、その後、交通事故に遭ったり、病気になったり、幸せになるどころか逆に不幸なことが起こることが多いのだそうです。

最近、お金に関する本がたくさん出版されて、軒並みベストセラーになっています。また、株の投資や不動産の投資など、いわゆるマネーゲームでお金を増やしている人も大勢います。

確かにお金を働かせることでお金を増やすことはできます。しかし、そのようなお金はちょっとぜいたくな旅行に行ったり、洋服を衝動買いしたり、さらに投資をして失ったりと、それなりの使い方をしてしまうものです。最終的に残るお金というのは、コツコツと働いて得たお金だけです。お金というものは不思議なもので、お金自体には明確な目的がありません。例えば、コートは寒さを凌ぐものであり、個人差はありますが、二、三着あれば十分です。また、食事は一日三回食べれば十分です。このように、ものには目的があり、その目的が達成されればそれ以上は必要なくなります。しかし、お金にはそういった目的がありません。ですから、満たされることなく際限なく求めてしまうのです。そして求めすぎた結果、一線を越えてしまい、不幸になることが多いのです。

お給料は誰が払っているのか?

新入社員の研修で必ず聞くのが、この「お給料は誰が払っているのか?」という質問です。最近の学生はよく勉強をしているのか、ほぼ全員が「お客さまです」と答えます。しかし、本当にその意味がわかっているのかというとあやしいものです。というのは、「社長の給与は誰が払っているのか?」と聞くと、ほとんどの新入社員が答えられなくなってしまうからです。

もちろん、社長の給料もお客さまが払っていることになります。会社が社員に給料を支払えるのも、社長が給料をもらえるのも、お客様からお金をいただけるからです。当然のことですが、入ってくる以上のお金を社員に支払っていたら、あっという間に会社はつぶれてしまいます。松下幸之助さんが「世の中には正しいことしか残らない」といっている通り、会社が存続していくためには、会社はお客さまから正しい(適正な)利潤を上げさせてもらい、社員に対して正しい（適正な）給料を支払っていかなければならないのです。もし賃金が高い割に仕事がラクだと社員に思われているようなら、会社の将来は危ないと思ったほうがいいでしょう。

プチリタイアは本当に幸せか？

最近、プチリタイアという言葉をよく耳にします。二〇代、三〇代のうちに稼げるだけ稼いで、あとは引退して、好きな場所で好きなことをして暮らしていくという生き方です。確かに、働かないで好きなことをして暮らしていけるというのは、夢のような話です。しかし、本当にそれで幸せでしょうか？　アメリカの西海岸には、リタイアした人がたくさん住んでいる地域があると聞きます。でもこの人たちの中には、やることがなく、途方に暮れている人も少なからずいるそうです。日本でも、四〇年間勤め上げたサラリーマンが、退職金をたくさんもらって生活には困らないものの、生きがいを失って、急に老け込んでしまったという人の話をよく耳にします。

人は誰かの役に立って、認めてもらいたいと思うものです。お金持ちになって、誰にも迷惑を掛けずに好き勝手やって生きていけたとしても、誰かの役に立って、自分がこの世で必要とされていると思えなければ、決して幸せとはいえないのです。

お金がなく、食べることができないのは不幸です。しかし、豊かになった日本で、明日の食事に困るほどお金がない人がどれだけいるでしょうか？　今後、働き方によって収入に格差が生じるようになり、その差はますます広がっていくでしょう。これからは、お金があるからこそ人間不信に陥ったり、生きがいをなくして、不幸になる人が増えていくのではないでしょうか。仕事を通して世の中の役に立っていると感じることがいかに大切なことか、社員に伝える必要があります。

2 お金を生み出すことの難しさ

◉会社では、お金をもらって人生を教えてもらっている

若い社員に話を聞くと、「うちの会社は給料が低い」という文句をよく耳にします。しかし、そういう社員に限って、今与えられている仕事さえ満足にできていないことが多いようです。会社に入ってすぐ、自分の給与額と同等の利益も上げられないのに、給料が安いと不平をいうのはもってのほかです。自分の給料分を稼ぐということは、思っているよりもずっとたいへんなことなのです。

そもそも、会社は採用の時点から、経費をかけて人材を集めています。そして入社後も、新入社員の研修や専門知識を身につける研修など、会社は社員に投資を行っているのです。また、お金だけではありません。右も左も分からない新入社員を一人前にするために、上司や先輩が

忙しい時間を削って相談に乗ってくれたりします。その結果、新入社員はようやく給料に見合った仕事ができるようになるのです。

これは、何も若いうちだけではありません。キャリアアップをしていくうえで、私たちはさまざまな壁にぶつかります。そのような壁にぶつかるたびに、上司や先輩からたくさんのことを教えてもらい、その壁を乗り越えていくことで人間として成長していくのです。このように考えると、会社とは、お金をくれて、さらに人生も教えてくれる学校のようなものなのです。

◉時給分の仕事しかしないと、それ以上のお給料はもらえない

自分の給料を時給に計算して、安いだの、高いだのという人がいます。しかし、時給で給料を計算しているうちは、本当に稼げる仕事をしているとはいえません。なぜなら、時給で働いているとすれば、時間を切り売りしているにすぎないのであり、時間を切り売りしている限り、その仕事は他の誰がやってもいいことになるからです。

つまり、時給で考えることは、自分の仕事を「労働力の供給」としてしか見ていないことになります。仕事を単なる「労働力の供給」と考えると、お給料を上げようと思ったら、時間を増やすしかありません。しかし、時間には限りがあるので、そういう働き方をしていても、高いお給料はもらえないのです。例えば単純に時給が一〇〇〇円だとして、一日八時間、月二〇日働いたとしても、年間二〇〇万円です。その一方で、年俸一〇〇〇万円や二〇〇〇万円とい

う高いお給料をもらっている人たちがいます。こういう人たちは、いったいどういう仕事をしているのでしょうか?

今は、知識社会といわれています。この知識社会で高い報酬を得る人は、みな知恵を絞ってより付加価値の高い商品（サービス）を生み出している人たちです。しかし、付加価値の高い商品（サービス）は、簡単には生み出せません。長時間かけて、知恵を絞りながら仕事をしていかなければならないものです。このような人たちは決して時間で仕事をしていません。やるべきときは、徹底的に仕事をしています。

会社に入って、二〜三年で付加価値の高い仕事などできるわけがありません。この期間は、将来高い付加価値を生み出すための準備期間なのです。時給で考えたら低くて当たり前です。現在の時給を気にするよりも、将来どんな付加価値をつけるかを考えるほうがずっと大切だということを、社員に伝える必要があります。

「仕事」の報酬は「仕事」。お金は後からついてくる

仕事の報酬は「お金」だという人がいます。確かにその通りです。しかし、正しくは、仕事の報酬は「仕事」で、その「仕事」に「お金」がついてくるというべきです。

よく「仕事を頼むなら、忙しい人に頼め」といいます。仕事ができるからこそ仕事を頼まれて、仕事を頼まれるから忙しくなるのです。ですから、仕事ができればできるほど、仕事は集

まってきます。仕事をすれば、当然、報酬もついてきますから、結果として、自然とその人の周りにはお金も集まってくるというわけです。

逆に、お金を追い求めると、効率の高い（単価の高い）仕事をしようとします。そうなると、人は仕事を選ぶようになります。仕事を選ぶようになると、お金でものを考える人だと思われるようになり、仕事を頼むほうも頼みづらくなってしまいます。すると、その人の周りには、仕事が回ってこなくなり、お金も入ってこなくなってしまうのです。

このように、まずお金ありきで考えると、仕事に発展性はありません。逆に、仕事の報酬に仕事を求めると、他の誰にも頼めないような仕事が回ってきます。当然、そのような仕事のレベルは高いわけですから、その仕事をこなす社員のスキルも上がっていくはずです。つまり、日々の仕事への姿勢が、キャリアを決定づけることになるのです。

3 お金のためだけに働くのであれば、続かない

仕事はつらくて当たり前？

学校を出てすぐに就職した会社で、入社当時の上司からこんなことをいわれました。「仕事はつらいだろ？」「お金をもらっているのだから、つらいのが当たり前だ！」。

当時は、社会人一年めということもあって、何もかもが新鮮で仕事も楽しかったので、違和感を感じたことを覚えています。上司としては、「つらいと思うくらい一生懸命に仕事をしろ！」ということをいいたかったのでしょうが、「つらさ」と引き換えに給料をもらうというのは、なんとも悲しい話です。

そもそも仕事そのものには喜びがあります。「人の役に立てた喜び」や「仕事をやり切った喜び（爽快感）」「みんなで仕事を完成させた喜び（達成感・一体感）」などです。確かに、仕事がうまくいかないときや、仕事量が増えて仕事に追われるようになると、「つらい」と思うときがあります。しかし、この仕事の「喜び」に比べれば、仕事のつらさなど、ほんのちっぽけなことに思えるでしょう。

単純に計算すると、人生のうち七割の時間は仕事が占めているといわれています。そういう意味では、「仕事」＝「人生」です。その人の仕事が、その人の生き方そのものなのです。仕事がつらいのであれば、人生もまたつらいものになるでしょう。人生を楽しく、そして充実したものにするためにも、仕事を楽しくする必要があります。そして、楽しいと思えるかどうかは、仕事に対する考え方次第なのです。

何のために働いているのか？

「働く目的とは何か？」ということについて、平成一四年六月に内閣府が調査した資料があります（図14）。「お金を得るために働く」と答えた者の割合は五二・八％で、最も高い数値を示しました。次いで「生きがいを見つけるために働く」が二〇・九％、「社会の一員として、務めを果たすために働く」が一一・一％、「自分の才能や能力を発揮するために働く」が一〇・七％という結果でした。

平成九年の調査結果と比較すると、「お金を得るために働く」（三四・〇％→五二・八％）と答えた人が大幅に増えた一方で、「社会の一員として、務めを果たすために働く」（一六・九％→一一・一％）、「自分の才能や能力を発揮するために働く」（一二・七％→一〇・七％）、「生きがいを見つけるために働く」（三三・一％→二〇・九％）と答えた人の割合が低下しています。

このように、データ上で見れば、「お金のために働いている人」が増えているように見えます。しかし、本当にそうでしょうか？　人はお金のために、どんな仕事でもするのでしょうか？　つまらないと思う仕事を一〇年も二〇年も続けられるでしょうか？

私たちが、ある会社で「望ましい会社とは？」をテーマにアンケート（複数回答）を実施したところ、「給与がよい」という項目で、「非常に重視する」もしくは「かなり重視する」と答えた割合は七五％でした。これに対し、「能力が生かせる」「仕事の内容がおもしろい」「責任ある仕事ができる」などの項目でも、同じく七五％近い社員が「非常に重視する」もしくは「かなり重視する」と答えました。つまり、社員は給料がよくて、さらに能力を生かせるおもしろい仕事をしたいと思っているわけで、決して給料だけがよければいいと思っているわけで

図14 働く目的は何か

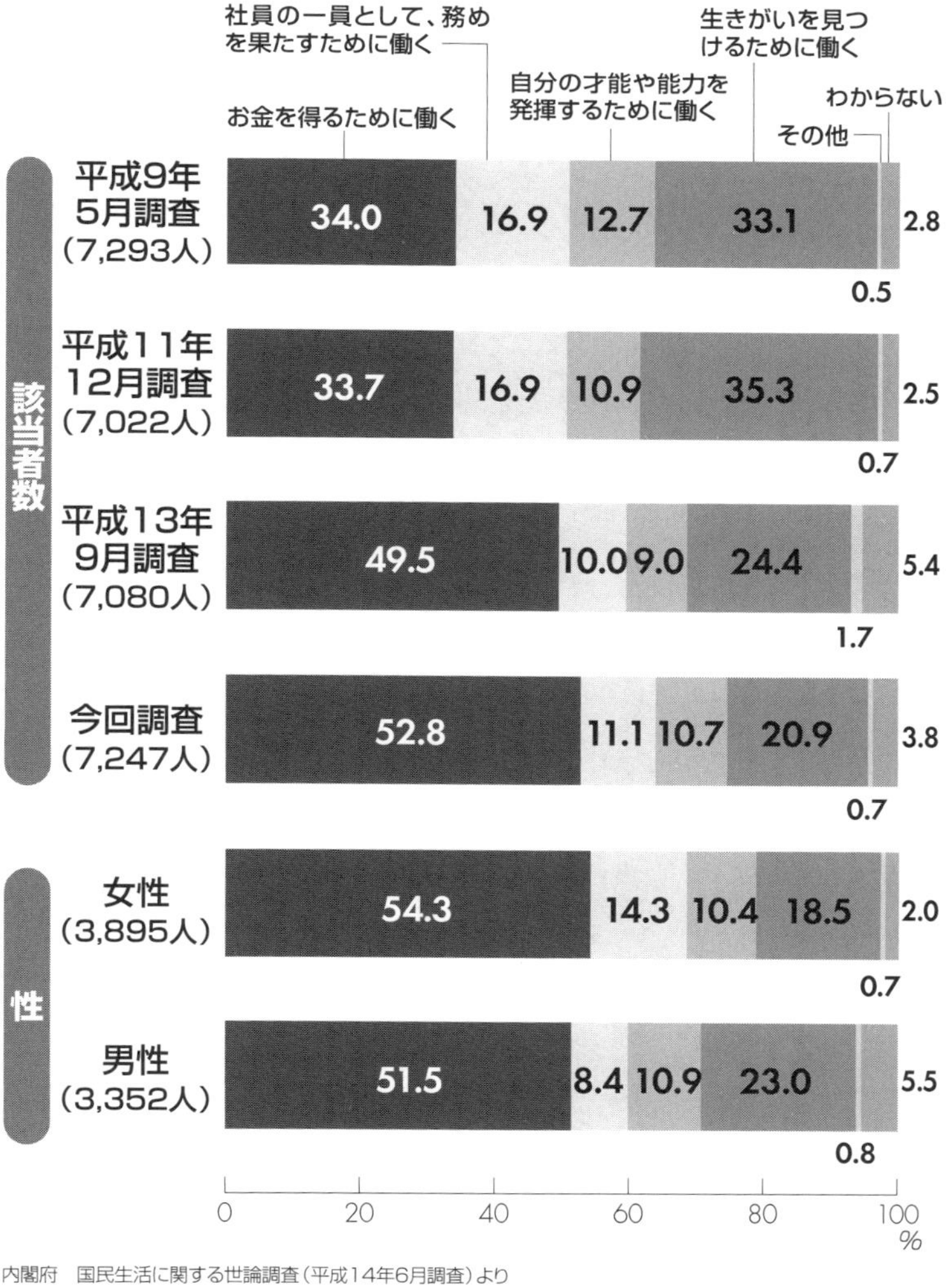

内閣府　国民生活に関する世論調査（平成14年6月調査）より

はないのです。

アメリカの行動科学の分野では、人は金銭的な欲求よりも非金銭的な欲求により行動することが、五〇年も前から実証されています。おそらく、最近の「お金がすべて」という世の中の風潮の中で、本来の仕事の醍醐味である達成感や充実感に対する価値観が薄れてきてしまっているのではないでしょうか？　仕事とは、それ自体がおもしろいものであり、やりがいのあるものだということを社員に伝える必要があります。

お金のために働いても、幸せにはなれない

最近、人事制度のコンサルティングをしていて気がつくのは、働き方によって賃金の格差がはっきりしてきているということです。

かつて、アルバイトと正社員の間には格差がありました。しかし、今では同じ正社員同士でも格差が広がりつつあります。というのも、会社が高い報酬で処遇すべき人材像がはっきりしてきたからです。

会社が高い報酬で処遇すべき人材というのは、会社の経営理念を理解し、自社のサービスや商品を心底いいものだと感じて、世に広めるべく、自分でものを考えて動ける社員です。こういう社員を私たちは「自律した社員」といっていますが、このような社員は、もはや「お金」のためだけに働いているのではありません。自分の仕事にプライドを持って、喜びを感じなが

ら自分のために働いているのです。

このように、前述の調査結果で「お金を得るために働く」と答えた人は、皮肉なことに、もはや高い賃金はもらえない時代になってきたのです。なぜなら、社員満足を高めようとしている会社は、「お金を得るために働く」社員よりも、「経営理念を理解し自律して働く」社員に対して高い賃金で処遇すべきだと考えているからです。そして、この調査結果によると、今や世の中の半数以上の人が、「お金が欲しいと思えば思うほど、お金が手に入らない」という矛盾の真っただ中にいることになります。

誰もが高い賃金をもらって楽しく働きたいと思っているはずです。それなら、まずは「お金のために働く」という考え方を改めて、会社の経営理念を理解し自律して仕事をしていくことが自分の幸せにつながることを、社員に理解させなければなりません。

「処遇制度」の構築・運用法

三つの視点で考える賃金・昇給制度

「処遇」とは、会社の「賃金制度」と呼ばれる部分です。当然、社員の関心が最も高い部分でもありますから、会社としても経営理念に従い、社員にどのようなメッセージを送るのかを明確にして、このしくみを作り、運用していかなければなりません。

賃金制度は実務的にいうと、賃金テーブルを作って、それをもとに人事考課で決定された個人別の評価やその他の要素を判断し、社員一人ひとりの個別の賃金を昇給させたり降給させたりするルールのことです。実は、賃金体系にはさまざまなものがありますが、ここでは最も一般的な賃金体系に基づいてご説明します。この賃金を上げたり下げたりする要素は、大きく次の三つに分けることができます（図15）。

●年齢給・勤続給

その社員の年齢、あるいは自社に入って勤続年数が何年経ったのかを、賃金決定の要素とする考え方です（図15の一番下の部分）。

図15 賃金決定の3つの基本的要素（例）

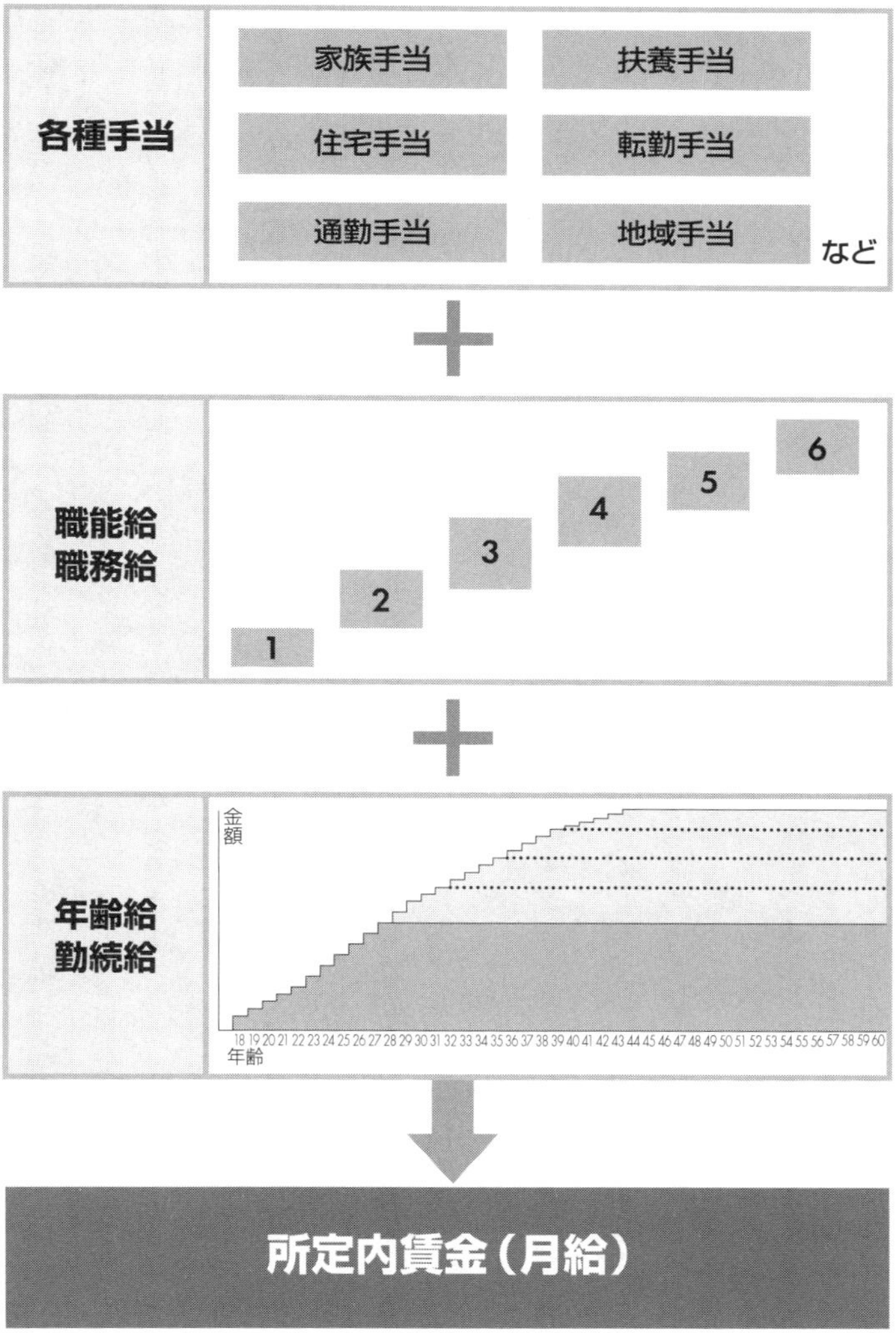

これは、「年齢が高ければそれなりに人生経験や社会人経験を積んでいるだろうから、その部分を評価しよう」と考える一方で、「年齢と共に、家族を持つと生活に必要な費用も増えてくるだろう」という「生活給」的な考え方でもあります。また、勤続給を採用している場合、会社でのノウハウをその期間で吸収してもらうという目的があります。

もし、「年齢や勤続年数が違うだけで、同じ仕事をしているのに賃金に格差があるのはおかしい」と考える会社ならば、年齢給、勤続給のどちらも取り入れるべきではないでしょう。しかし、賃金は、直接的な**労務提供の代償**だけではなく、**社員とその家族の生活を支える**という要素も含まれます。このあと述べる、各種手当てなどのバランスを見ながら、多少は仕事に直接関係しない「生活給」的な要素も入れて、社員の生活をバックアップすることも必要です。

最近は、年齢給を採用していても、以前に比べて賃金の上昇をストップする時期を早める会社が増えてきました。以前は少しずつでも四五歳くらいまで上がっていた年齢給が、今では三五歳くらいでストップするケースが多いようです。勤続給はさらに短く、入社五年程度までしか上がらないような設定が増えています。五年も経てば仕事の進め方を学べるということなのでしょう。

●職能給・職務給

その社員の仕事ぶりを評価して、賃金の要素とするものです。一般的に、人事評価の結果はこの部分で反映されます。

皆さんがイメージする賃金表は、主にこの部分を表にしたものです。そして、この部分でも、大きく分けて二つの考え方があります。一つは**その人の能力を評価する「職能給」**、もう一つは**その人が従事している仕事を評価する「職務給」**です。日本では、長く「職能給」が主流でした。しかし、職務の細分化や専門化に伴い「職務給」を採用する会社も増えてきています。職務給の基本は「一職務一賃金」ですが、実際は同じ職務を行う社員の中でもスキルの違いを考慮して、賃金に幅（レンジ）を持たせて運用する会社が多いようです。

このように、仕事ぶりや能力が反映される賃金表を作成する際は、「職能給」を採用するのか、「職務給」を採用するのか、成果や能力によって賃金を大きく上げたり下げたりするのか、あるいはそれほど変動のないものにするのか、という基本的な部分において、会社のポリシーや考え方に最も合ったものを採用しなければなりません。それが会社からの社員へのメッセージになるのであり、会社の考え方が反映していない制度をつくってしまうと、社員は間違ったメッセージを受け取ってしまうことになるのです。

●各種手当

家族の人数によって支給される家族手当や、住宅にかかる費用の補助として支給される住宅手当など、社員の生活のバックアップ的な要素として支給される手当です。年齢給、勤続給と同じく、普段の職務や仕事ぶりとは直接関係のないものです。ただし、社員にできるだけよい環境、よい精神状態で働いてもらうために、会社ができるだけのバックアップをするという姿勢を見せることは、社員へのメッセージとなり、うまく活用すると社員満足を高めることにもつながります。

最近では、**家族手当**の支給方法を工夫する会社が増えてきました。例えば、子育てを支援するために、小学校入学までの子供を持つ社員には、特別家族手当を通常の家族手当に上乗せして数万円支給している会社があります。この会社は独特な技術を必要とする会社で、特に女性には子供ができたあとに職場に復帰してもらいたいと考えていました。そこで、保育所費用の一部を負担する意味も込めてこのような手当をつくったのです。

賃金制度は、以上のような三つの基本的な要素を会社がどのように考えるかで、その構築・運用方法が変わってきます。そして、最低の賃金さえクリアしていれば、原則として会社が自由につくれます。しかし、「7つのしくみ」の中でも一番強烈な社員へのメッセージとなるのがこの部分です。それだけに、慎重に構築、運用していく必要があります。

成果主義はまず賞与からの導入を

「成果主義の人事制度を導入しよう」、もしくは「すでに自社は成果主義を導入している」と思っている皆さん、あなたの会社ではどのような部分が成果主義になっていますか？

成果主義の人事制度を導入するにあたっては、絶対的な原則が二つあります。

それは、

● 成果主義として変動させる人件費は、まず賞与など、月次の所定賃金以外の部分から手をつける

● 等級、役職など、社内での責務の重さによって、成果主義の度合いを調節する

ということです。

ある会社は、賃金カットを行いながら、全員に年間で月給の三カ月分以上の賞与を支給していました。賞与を減らしたところで、その後もその減らした部分を支給する義務はありません。しかし、月額の所定賃金は、少なくともカットしている部分に関しては、将来何らかの形で保証しなければいけません。そもそも、賃金をカットしなければいけないほど厳しい経営状況で、恩恵的な賞与を支給する必要はありません。しかし、この会社では、賞与が支給されることが、一つの既得権のようになってしまっていたのです。

変化の激しいこれからの時代、固定的な人件費はなるべく抑え、変動的な人件費の比率を上げていかなければなりません。その意味でも、成果主義の賃金制度を目指す会社は、まず、賞与をダイナミックに変動させる制度をつくることが大切です。それでも会社の方針として、さらに成果に連動した賃金制度をつくりたいという場合に、月次の賃金を変動させるしくみをつくるべきなのです。

また、等級が高くなればなるほど、その職責の重さに応じて、報酬に関してもハイリスク・ハイリターンにすべきです。等級に関係なく、営業職などの結果が直接的に会社業績に結びつく職種に関しても、このような設定を行ったほうがいいでしょう（図16参照）。

賞与支給額の総額管理の考え方

ハイリスク・ハイリターンの賞与制度を採用した場合、実際の賞与額は、さまざまなところから数字が出てきて、総額がいくらになるのか把握しにくくなります。

そこで会社は、賞与の支給原資を業績に従ってある程度決めておかなければなりません。多くの会社では、まず賞与原資を決めてしまってから、それを社員に分配するという方式を取っているようです。しかし、このときに、人事考課を経てせっかく大きく差がついた各社員の賞与額が調整されてしまうことがあります。このような調整を加えていては、社員の納得性が薄れてしまいます。そこで、あくまでも差をつけながら全体に分配する方法として、**業績係数**を用いるやり方があります（図17・一五六ページ）。

これは、まず全員の賞与額を先ほどの基本給と賞与係数を使って算出（基本賞与額）し、その合計を出してから、その額を実際に会社が準備できる賞与原資額によって除して係数を出す

図16 賞与係数表（例）

評価結果	S	A	B1	B2	B3	C	D
営業職（すべての等級）	4	3	2.5	2	1.5	0.5	0
3等級	4	3	2.5	2	1.5	0.5	0
2等級	3	2.5	2.3	2	1.7	1.5	1
1等級	2.5	2.3	2.1	2	1.9	1.7	0.5

※半期の評価により賞与係数が決定される。賞与額は、基本給×賞与係数とする。

パターン①	パターン②	パターン③	パターン④	パターン⑤
262,651.99	350,202.69	437,753.34	525,304.03	612,854.68
234,902.24	313,203.01	391,503.74	469,804.52	548,105.25
262,651.99	350,202.69	437,753.34	525,304.03	612,854.68
287,775.23	383,700.34	479,625.40	575,550.51	671,475.57
527,587.92	703,450.62	879,313.23	1,055,175.90	1,231,038.50
253,344.97	337,793.33	422,241.64	506,690.00	591,138.31
345,580.19	472,773.63	590,967.01	709,160.45	827,354.82
388,268.16	517,690.93	647,113.63	776,536.40	905,959.10
0	0	0	0	0
428,236.95	570,982.65	713,728.27	856,473.97	999,219.60
3,000,000	4,000,000	5,000,000	6,000,000	7,000,000
0.5709826	0.7613102	0.9516377	1.1419653	1.3322928

賞与原資額
その期の業績により、賞与の原資となる総額を決定する。

図17 総額管理の賞与計算式（例）

半期ごとに会社業績をもとに支給賞与の総額を決定し、その支給賞与総額に基づいて下記の計算方法で全社員に適用する業績係数を計算する

例）レベル	基本給	評価	賞与係数	部門係数	基本賞与
Aさん　1等級	200,000	A	2.30	1.00	460,000
Bさん　1等級	220,000	C	1.70	1.10	411,400
Cさん　1等級	230,000	B2	2.00	1.00	460,000
Dさん　1等級	240,000	B1	2.10	1.00	504,000
Eさん　2等級	280,000	S	3.00	1.10	924,000
Fさん　2等級	290,000	B3	1.70	0.90	443,700
Gさん　2等級	300,000	B1	2.30	0.90	621,000
Hさん　3等級	340,000	B2	2.00	1.00	680,000
Iさん　営業	350,000	D	0.00	1.00	0
Jさん　営業	300,000	B1	2.50	1.00	750,000
基本賞与額計					5,254,100
					業績係数

部門係数
その期の各部門の会社業績への貢献度合を役員会で評価し、部門ごとに賞与係数を付与する（部門間の相対評価とする）

業績係数の出し方

$$\frac{\text{その期の賞与原資額}}{\text{基本賞与総額}}$$

というものです。そして、出た係数を業績係数として、すべての社員の基本賞与額に掛けたものが実際の支給額となり、全体の賞与原資は会社が用意したものと同じになります。このとき、部門ごとの評価を部門係数として反映させることもできます。

●昇格の基準は明確に

処遇の三つの要素のうち、最も慎重に行うべきなのが昇格です。**昇格**とは等級が上がることであり、当然、それに従って賃金も上昇します。また、昇格すると、賃金テーブルや賞与の計算方法が変わることが多く、毎年の昇給率や先ほど述べた賞与額も変わってきます。それだけに、昇格は基準を明確に定めて、社員が何をどのようにしたら昇格できるかを示しておかなければいけません。

例えば、ある金融関係の会社では、以前はとにかく営業成績がよい社員が支店長に昇格していました。しかし実際は、支店長になってもマネジメントができなかったり、金融の知識が少ないために部下の教育ができなかったりと、支店の成績が上がらないばかりか、本人も忙しくなって営業成績が落ちてしまうということがよく起こっていました。

そこで、その会社では、金融知識などの必要資格を取得することを昇格の一つの条件とし、また昇格対象者にはマネジメントの研修を受けさせるなどの措置を取りました。営業成績を上げる以外にどのようにしたら等級が上がるのかが示され、自己啓発に励む社員が増え、ヤル気も向上したということです。

また、あるメーカーでは、昇格テストを実施し、その受験資格として、直属上司の推薦と、過去二期の個人成績の平均がA以上であることを基準として設けました。そのうえでマネジメント能力を見るインバスケット試験（※注）を実施し、さらにその試験結果をもとに面談を行い、本当に自社のマネジャー職に適した考えを持っているかを判断して、昇格を決めています。

人事考課を処遇に反映させる方法は、会社の考え方そのものです。そして、**短期的な結果や意欲の向上には賞与、中長期的な観点から人事考課を反映させる場合は昇格、その中間に昇給という処遇手法があると考えるのが**、最もわかりやすく現実的な方法です。この部分をしっかりと意識して処遇を行っていかなければ、短期的、外部的な要因で高い業績を上げた社員を、本当はそこまでの能力がついていないのに、高い等級に昇格させてしまい、あとあと処遇に困るということになりかねません。

インバスケット試験……第三者が人材を一定の評価基準に従って評価する、人材アセスメント手法の一つ。限られた時間内にさまざまな未処理案件をある状況設定の中で処理していき、その処理の仕方を評価していく。最近、管理職の研修や昇格試験にも用いられるようになってきている。

第7章

「7つのしくみ」その6

社員と共有したい「配置転換制度」の本当の意義

配置転換制度とは、
社員の能力、希望、将来のキャリア、ビジョンなどを見極め、
最も適切なポストに人を据える制度です。
会社にはさまざまなポストが存在し、
この制度を完全に運用するのは非常に難しいことです。
特に、社員一人ひとりの役割が大きい中小企業では、
スムーズな異動が実施しづらく、
長年にわたって同じポジションを同じ社員が
担っているということがほとんどです。
しかし、社員の希望やキャリア、会社の成長を考えて、
配置転換は積極的に行う必要があるのです。
非金銭的報酬としても配置転換制度は重要であり、
タイミングがよければ、驚くほど
社員のモチベーションアップをはかることができます。
では、会社と社員が共有しておくべき
配置転換制度の本当の意義を見ていきましょう。

1 やりたい仕事に就くには努力が必要

本当にやりたい仕事はそんなに簡単に見つからない

第3章でも少し触れましたが、高校や大学を卒業した時点で、自分のやりたい仕事がはっきりと見えている人は非常に少ないでしょう。

無理もありません。職業体験のない学生（アルバイト経験があったとしても、社会人としての仕事となれば、まったく別ものであることがほとんどです）が、それまでの自分と必死に向き合って、自分の将来を決めるのです。そのため、多くの新入社員が理想と現実のギャップに苦しむことになります。初めて会社に入って、職場の雰囲気も仕事の内容も思った通りだったというのは、ほとんどないのではないでしょうか。だからこそ、会社はそのギャップに苦しむ社員に対して、定期的に面接をして話を聞いてあげるべきなのです。

最近の学生は、就職活動時に業界・会社研究をしてきています。しかし、自分は何者なのか、自分は何がしたいのか、将来どんな人間になりたいのか、ということまでしっかりと考えている学生はあまりいないようです。会社としては、その社員が会社に入って何をやりたいのか、自分の人生をどう送りたいのか考えるきっかけを与えてあげる必要があります。

ただし、「やりたいこと」は、そんなに簡単に見つかるものではありません。もし短期間に「やりたいこと」だと思うことが見つかったとしても、仕事をしているうちに、もっとやりたいと思える仕事に出会うはずです。なぜなら多くの人の場合、**「仕事」というものを通して変わって（成長して）いく**からです。

人は仕事を通じて生活の糧を稼ぎ、自分の存在意義を見出し、自己実現をし、自分の人生をつくり上げていくものです。それほど仕事というものは、人生にとって重要なものなのです。

図18（一六四ページ）を見てください。人が最も力を発揮できる要件は、①やるべき仕事、②できる仕事、③やりたい仕事の三つが重なった、このごく小さな部分でしかありません。そして、ほとんどの人の場合、①→②→③という順序でその仕事を見つけていくのです。

「本当にやりたい仕事」を見つけるためには、今、目の前にある仕事を一生懸命やるしかないということを社員に伝えなければなりません。

やるべきことをやっているとできることが見えてくる

新入社員はまず、補佐的な仕事から始めます。本書でも、これからの時代、社員はしっかりと自分でものごとを考え、自律した働き方ができなければいけないということを繰り返し述べてきました。

しかし、新入社員においては、その心意気は持っていたとしても、実際にそのような仕事の

図18 社員が最も力を発揮できる部分

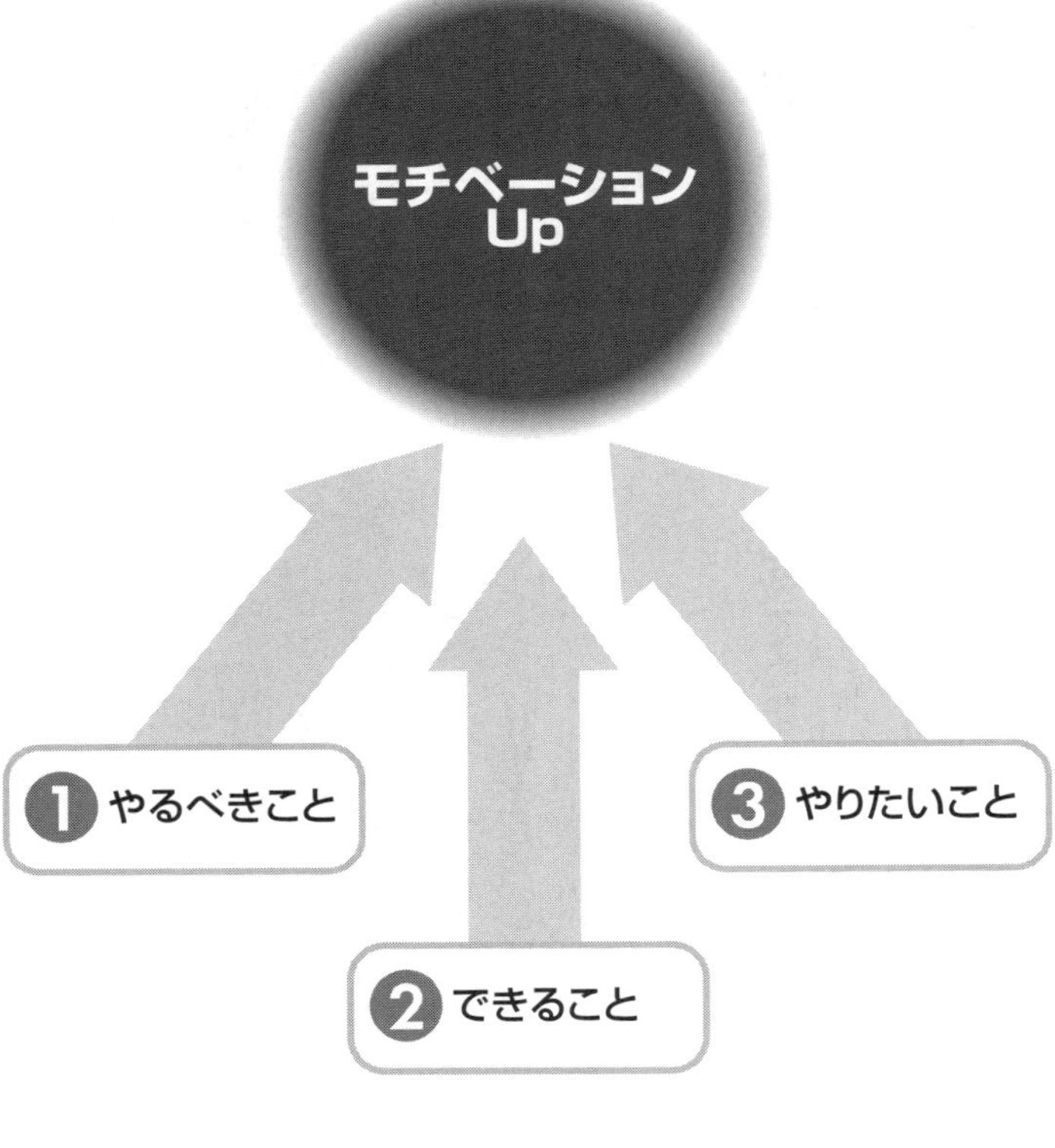

進め方をするのは難しいでしょう。まずは与えられた自分の役割を、果たすように指導することが重要です。入社半年ほどで、「自分のやりたいことではなかった」といって退社する新入社員が少なくありませんが、半年くらいで「自分のやりたい仕事」が何なのかを見つけることができるのでしょうか?

確かに、「まったく想像と違っていた」「そもそもやりたい仕事ではなかったが、他の理由により就職した」というので退社するのであれば、仕方がないかもしれません。しかし、ある程度の興味を持って入った会社なら、わずか半年くらいで辞めてしまうのは、もったいないとしかいいようがありません。

なぜなら、おそらくその新入社員は、その仕事のおもしろさも、そして本当の意味での厳しさも感じることなく自らそのチャンスを放棄してしまっているからです。

仕事は、できるようになってきて初めて本当の楽しさが見えてくるものです。まずは、仕事ができるようになるために、会社から与えられたポジションで精いっぱいがんばることが、自分の成長にとって重要だということを社員に伝えなければなりません。

できることが増えてくると、やりたいことが見えてくる

多くの社員は、会社から与えられた仕事を一生懸命に行い、できるようになってくると、他の仕事もやりたくなってきます。あるいは、今やっている仕事をもっと深く追求したくなりま

す。この段階になって、初めて社員は自分の方向性が見えてくるのです。

通常、入社三〜五年目にこのようなことを考えるようになる人が多く、この時期は他の会社や他の職業がとても魅力的に見えることがあります。そこで、この時期に人事考課の面接で、社員に対してやりたいことがあるかどうか聞いてみることをおすすめします。一般的には、人事考課表の下の部分に自己申告欄を作って、コメントをさせることが多いようです。

しかし、ただ単に「この仕事がやりたいです」といっているだけでは、その仕事を任せるわけにはいきません。その社員が、やりたい仕事に就くために、自分に与えられた役割をしっかりとまっとうしたうえで、その仕事に就くための準備をしているかどうかを聞く必要があります。そのポジションが確約されてから準備するのではなく、そのポジションに就くために、自ら進んで準備を始めていることが必要なのです。仕事とは、人や会社に与えてもらうものではなく、自ら獲得するものだという考えがなければ、その仕事を任せてもうまくいかないのです。

2 やりたい仕事に就いたときに発揮される力は想像を超える

◉やりたいことをやっていると時間を忘れる

「仕事がおもしろいなあ」と感じているときは、あっという間に時間が過ぎてしまいます。次から次へとアイデアが浮かんできて、あれもやろう、これもやろうとしているうちに、どんどん時間が過ぎていってしまうものです。これに対して、いやいや仕事をしていると、なかなか時間が過ぎません。それどころか、時間だけが経ってしまって、仕事がぜんぜん進んでいないということもよくあります。仕事に限りませんが、おもしろいことに熱中していると、時間の経過を忘れてしまうものなのです。

夢中になって仕事をしたときというのは集中力が高まって仕事をしていますから、当然いい仕事ができます。「やっている仕事」が「おもしろく感じる仕事」であれば、仕事の量も苦になりませんし、仕事の質も高いものができます。

これが、仕事ができる社員とそうでない社員の違いです。できる社員は楽しみながら質の高い仕事をします。これに対して、できない社員はいわれたことだけをいやいややっているので、給料や時間のことで不満を持つようになるのです。

前節でも述べたように、「できること」が増えて、仕事のおもしろさがわかってくると、自分が本当に「やりたいこと」が見えてきます。自分のやりたい仕事をやっているとき、人は幸せな気分になります。幸せな気分で仕事をしている人の仕事と、そうでない人の仕事の質は、雲泥の差以上のものがあります。社員が仕事をしているときにどう感じているか、調べてみる必要があります。

世の中の成功者は皆、好きな仕事をしている

仕事柄、たくさんの成功者（社長だけでなく社員も）に会って、話を聞く機会に恵まれるのですが、その中で気づいたことがあります。それは、「好きな仕事をしている人がすべて成功しているわけではないけれど、成功している人はみんな好きな仕事をしている」ということです。先日も、ある小売店の社長と話していたときに、社長は自分の店で扱っている商品が純粋に好きだといっていました。

確かに、その社長の下には、その商品が好きで、仕事をしたいという若者が集まってきています。しかし、その中で成功するのはほんのひと握りの社員であって、残念ながら、ほとんどの社員は、商品が好きなだけで終わってしまいます。というのは、単に商品が好きなだけでその会社で働いている社員は、仕事以外のところで成功を夢見ていることが多いからです。例えば、俳優や脚本家を目指しているなど、会社の経営理念とはまったく別のことで成功しようと

しているのです。

その一方で、店長として活躍していて、将来、役員を嘱望されている社員もいます。そのような社員は社長の考え方に賛同し、経営理念を理解し、自分の好きな仕事を通して人生の成功者になろうと考えているのです。

つまり、社員にとって好きな仕事が会社の経営理念と同じ方向を向いているかどうかが重要なのです。

社員が力を発揮できる仕事をさせよう!

社員に力を発揮させようと思ったら、ただ好きな仕事をさせるだけではダメです。なぜなら、その好きな仕事が会社の経営理念に沿ったものでなければ、やればやるほど会社にとってはマイナスの方向に進んでしまうからです。

会社が社員に賃金を支払うのは、経営理念を実現するためです。にもかかわらず、社員にまったく別の方向を目指されたら、その分、遠回りすることになってしまいます。前述の俳優や脚本家がいい例です。つまり、会社としては、俳優や脚本家になりたいと思っている人には、決して店長を任せるようなことはしてはいけないのです。

このような視点で見ると、経営理念をきちんと理解していないにもかかわらず、やりたいことをやらせてもらえないと、社員が嘆いていないでしょうか？　社員は経営理念と同じ方向を向いて仕事をしているでしょうか？　社員に力を発揮して仕事をしてもらおうと思ったら、まず経営理念を理解させ、その方向にその社員のやりたいことを見つけさせる必要があります。つまり、経営理念を理解せずして好きな仕事はできないということを、会社は社員にきちんと伝えなければならないのです。

3 社員のキャリアは社員自身に設定させることが必要

◉社員のやりたいことと会社の経営理念を融合させる

入社半年ほどで、「自分のやりたいことではなかった」といって退社する新入社員が少なくないという話をしましたが、そもそも自分のやりたいことを実現したいのであれば、自分でそれだけの環境をつくっていかなければいけません。

というのは、会社は確かに自己実現の場であり、会社も社員の自己実現の手助けをすべきですが、**「やりたいこと」や「やる場」は会社が与えてくれるものではなく、社員自身でしか作り出せないからです。**

そもそも、会社は経営理念に合わないことはできませんから、社員にやりたいことがあって、それが経営理念に合わないのであれば、転職を勧めて同じ方向性を持った会社に移ってもらうか、自分で会社をつくってやりたいことを実現できるようにしてもらうしかないでしょう。しかし、会社という組織で、会社員として仕事をするのであれば、経営理念や考え方、やり方に従ってもらわなければなりません。

会社に入って、イメージしていた仕事との違いに戸惑うことは、誰にでもあることです。仕事というのは、会社の外から見るのと会社の内側で見るのとではずいぶん違います。イメージと違うからといって転職されてしまったら、限りがありません。ですから、社員にやりたいことがあるなら、転職させるよりも、この会社でやりたいことができるように考えてあげるべきなのです。

ただし、それは、その社員が経営理念と同じ方向を向いていることが必要です。先に述べた通り、仕事を通してできることが増えてくると、社員は自分のやりたいことがわかってきます。そのとき会社はその社員に対して、どうすればやりたいことと会社の経営理念を融合できるかを考えさせる必要があります。そして、その二つが融合できたとき、その社員は自律した働き方ができるようになるのです。

キャリア設定は社員自身の責任

社員のやりたいことと会社の経営理念を融合させることが重要であることは前述した通りですが、どのように融合するのかは社員に考えさせなければなりません。

というのは、大企業ならいざ知らず、中小企業では部署やポストの数が限られているため、計画的な配置転換をすることができないからです。会社としては、配置転換のしくみを積極的に取り入れることができません。また、定期的な配置転換も行うことができません。したがって、自分のやりたい仕事があれば、社員はそれを自分自身で勝ち取らなければならないのです。のちほど詳しく説明しますが、仕事のスキルが専門化して、幅広い知識よりも深い専門性を求められるようになってきています。ですから、会社は簡単に部署を変えるようなことはできなくなってきているのです。なぜなら、せっかく戦力化した人材を他部署に移すことは、戦力ダウンになるからです。

このような状況の中で、社員が好きな仕事をするために配置転換を希望してきたら、新しい仕事に就くにあたって、その能力とヤル気があることをアピールさせなければなりません。つまり、「一時的に戦力ダウンになったとしても、長い目で見れば、新しい仕事をさせてよかった」と会社に思わせるくらいでなければ、やりたい仕事はできないということを理解させる必要があるのです。

天職という考え方

入社してすぐに会社を辞めてしまう人の話を聞くと、「この仕事が私には合わなかったから……」というのを理由にする人が必ずいます。

しかし、最初からその人に向いている仕事などありません。なぜなら、繰り返し述べているように、**人は仕事によって磨かれて自分の持っている力を発揮できるようになって初めて自分に向いている仕事に出合うことができる**からです。

仕事をしていれば、その仕事をしているだけで幸せな気分になったり、お客さまや上司に認め認められて幸せな気持ちになったりすることが必ずあります。そして、このような経験を通じて、やっと自分の**天職**に出会うことができるのです。

天職というのは、**その仕事自体にワクワク感を感じることができて、その仕事をすることで世の中の役に立っていると実感することができる仕事**のことです。このような仕事はどんなにやっても疲れませんし、あっという間に時間が過ぎてしまいます。ただ生活をするために賃金をもらって仕事をしているのとは、根本的に違うのです。

天職である仕事をしていると、自分の仕事は世の中に必要とされていると実感できます。そして、自分の仕事を世の中が待っていてくれるような感覚を得ることができるのです。これこそが究極の仕事であり、目指すべき姿です。こういった仕事に出会う人生と、そうでない人生には、人生の充実感に大きな違いがあります。

ただしこのような仕事に出会うためには、天職を探すという長期的な視野と、目の前の仕事を黙々とこなしていく忍耐力が必要なのです。会社はこのことを社員に伝えて、理解してもらわなければなりません。

「配置転換制度」の構築・運用法

●専門技術が要求される時代の人事コース図と配置転換

最近は、ゼネラリストよりもスペシャリストを育てなければいけないといわれています。これは、多くの職種で専門化が進み、いくら高い能力を持った人でも、その職種のすべてを理解・経験しながらキャリアアップしていくことが難しくなったからです。

これまでは図19のような人事コース図が一般的でした。会社の幹部となっていく総合職では、いろんな職場、職務を経験しながら会社の行っているほとんどの事業を理解し、マネジメントのできる立場へと成長していきました。このような人事コースでは、総合職の社員は定期的に配置転換を繰り返されます。逆に、現業職や事務職の社員は、配置転換のチャンスが総合職に比べて極端に少ないのが現実でした。また、総合職の配置転換にしても、本人の希望に沿ったものというより、**ジョブローテーション的**な異動が多く行われていました。

大企業では計画的な配置転換が可能ですが、中小企業では退職による欠員の補充という意味での配置転換がほとんどでしたし、現在もそのような運用を行わざるを得ない会社が多いでしょう。しかし、多くの業種ですでに職種の専門化が進み、他の職種にいた人が欠員補助という

図19 これまでの人事コース図（例）

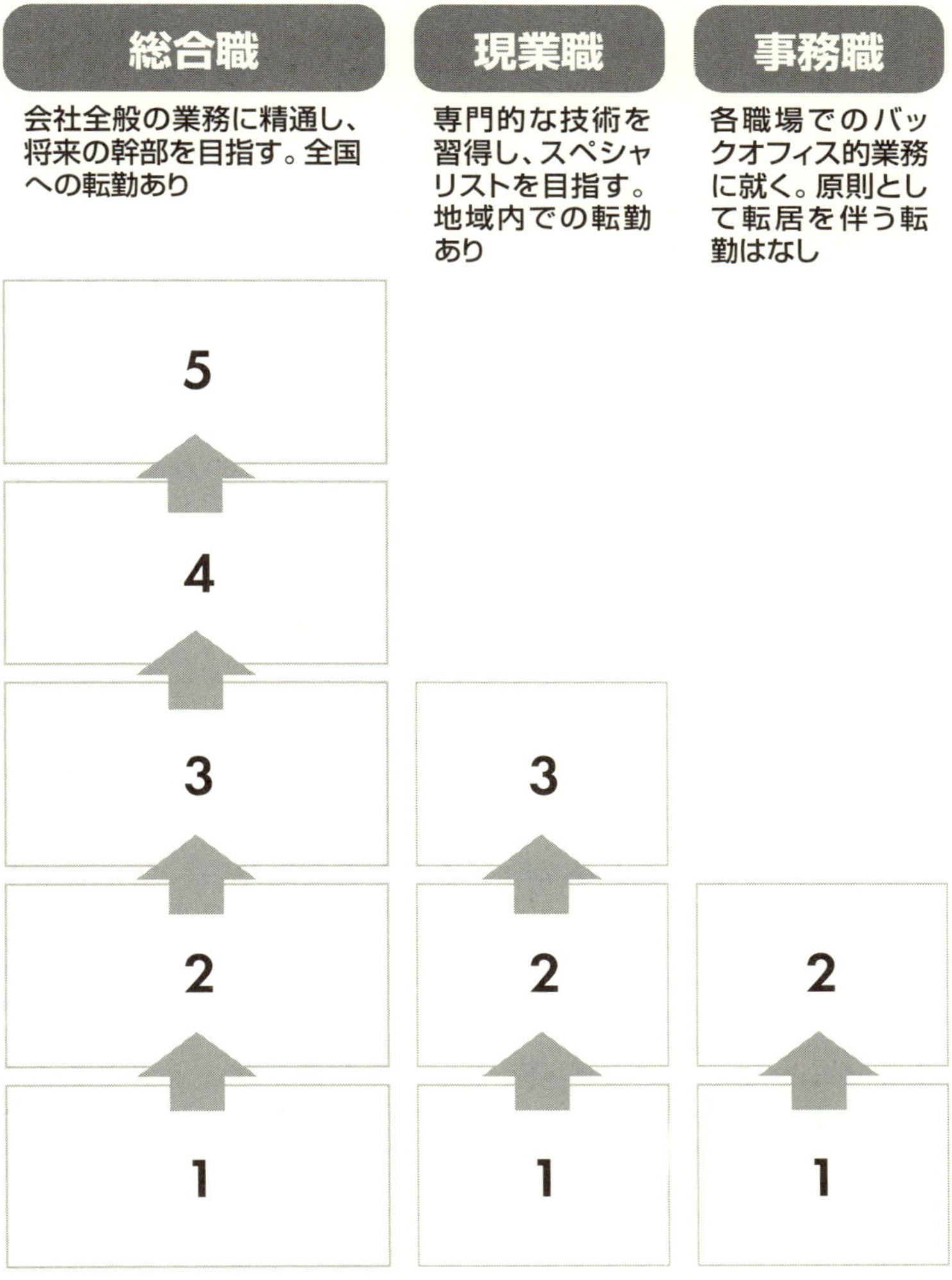
総合職
会社全般の業務に精通し、将来の幹部を目指す。全国への転勤あり
現業職
専門的な技術を習得し、スペシャリストを目指す。地域内での転勤あり
事務職
各職場でのバックオフィス的業務に就く。原則として転居を伴う転勤はなし
5
4
3
2
1
3
2
1
2
1

形で配置転換になっても、新しい職種に対応できないということが多くなってきました。現実問題として、専門化が進むＩＴ業界などを中心に、採用段階、あるいは入社して一〜二年でコース別に分かれる人事コース図を採用する企業が主流となってきています（図20）。

このことは、冒頭から述べている「速い会社」と「遅い会社」の話と無関係ではありません。昔は会社で働く社員は、特に大きな会社になればなるほど、専門的な知識や技術を伸ばしてまったく新しいことを生み出すより、社内に蓄積されたその会社のノウハウや会社でのやり方を学ぶほうが業績に貢献できました。一人ひとりがしっかりと組織の歯車になり、その全体の歯車のしくみを理解していくことで、会社を動かしていく立場になって会社を守っていくことができたのです。しかし、それでは変化の激しい今の時代には対応できなくなってきています。

今は社員一人ひとりが、それぞれの専門技術や専門知識という武器を持ち、移り変わりの激しい時代の中で、会社を代表する立場で戦力になっていかなければなりません。

一昔前なら、「あなたの仕事は？」という質問に、「私は株式会社○○に勤めています」と会社名を答えた人が圧倒的に多かったはずです。しかし最近は、「私はシステムエンジニアです」「私はグラフィックデザイナーです」など、職種を答える人が増えてきています。このことも、働く人々がそれぞれの職種に誇りを持ち始めている表れでしょう。

図20 これから主流となる人事コース図

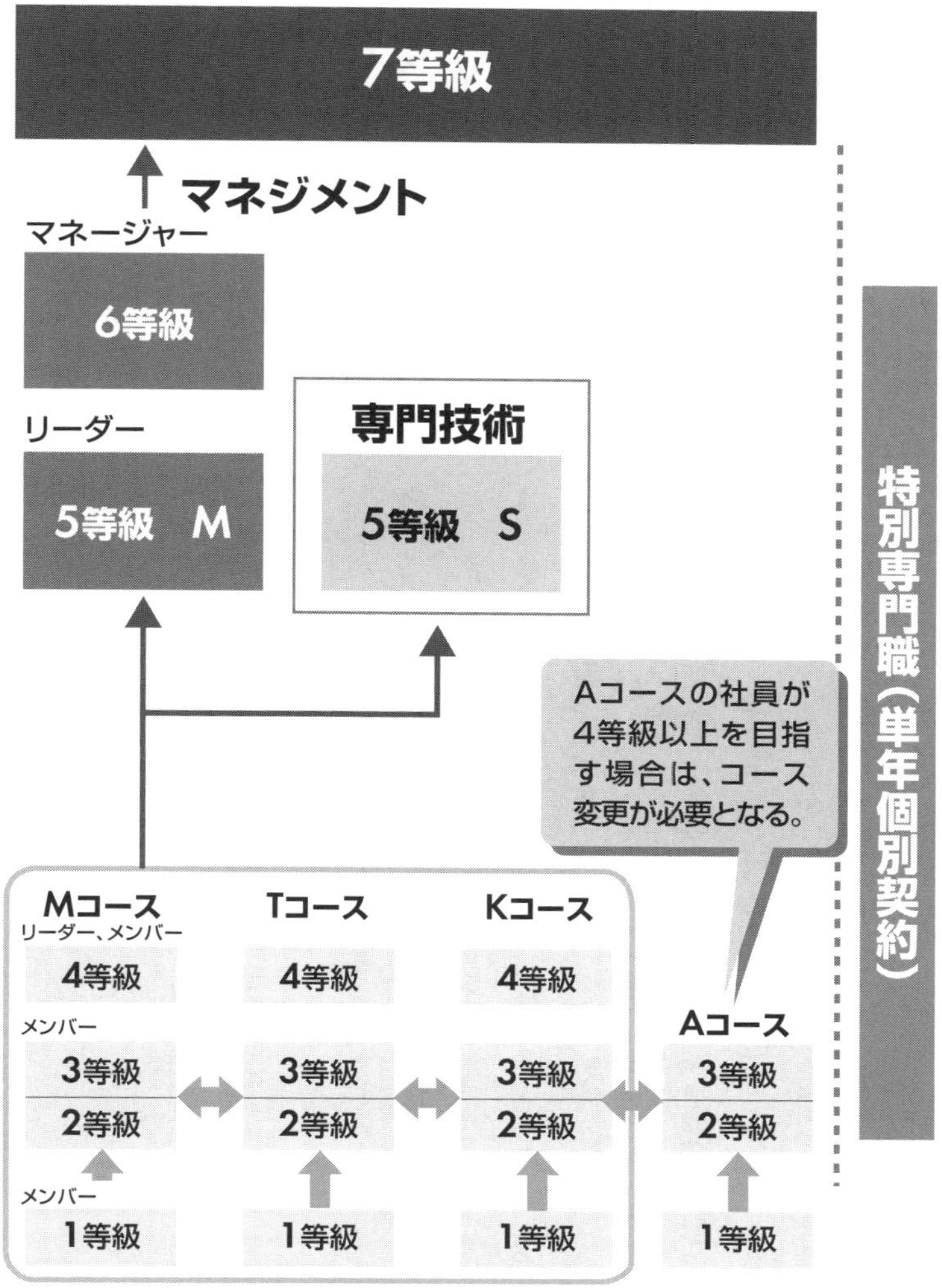

社員満足を高めるための配置転換制度

職種が専門化し、その職種に誇りを持つようになることはいいことですが、逆にそのことで会社に対するロイヤリティー（忠誠心）が薄れてしまっては、会社という組織が弱体化してしまいます。**社員一人ひとりが自分の職種に誇りを持つと同時に、自分の会社にも誇りを持って満足して働ける**ようなしくみをつくらなければいけません。

配置転換に関していえば、社員は当然、自分の希望するポジションや職種に配属されたいという希望を持ちます。しかし、先ほどから述べている通り、昔のように簡単に配置転換を行って業務が回るほど単純な職種は少なくなってきています。前節ではキャリア設定は社員の責任と述べましたが、現実的には中小企業では、会社ができるだけ早い時期に社員一人ひとりの適性を見つけ出し、その社員の武器となるべき専門分野を決めて、そのコースでのキャリアアップを示してあげるべきです。

しかし、当然、途中で「別の職種をやってみたい」「別の部署で今の専門知識を違った形で生かしてみたい」という社員が出てきます。そのようなケースに対応するためにも、会社として配置転換ができるしくみをつくっておかなければいけません。

特に最近の若者は、自分のやりたい仕事に就きたいという欲求が非常に強くなっています。自分のやりたい仕事に就けず、ましてやその希望すら聞いてもらえない会社だと判断すれば、ある程度のリスクをおかしても彼らは辞めていってしまうでしょう。

会社は定期的に本人の希望を聞くために、キャリア申告シート（図21・一八〇ページ）を使うなどして、社員のキャリアアップに対する意識を高めるとともに、会社として社員一人ひとりの希望を把握して支援していかなければいけません。

配置転換を行うためには高いハードルが必要

職務の専門化が進む今の時代に職種が変わるような配置転換は、一昔前の転職に匹敵するインパクトがあります。当然、職務を変える本人にも、それなりの覚悟と努力が必要です。会社としても、せっかく身についたその人のスキルをしばらくは直接的に業務に生かせないのはリスクです。しかし、一つのことだけを深く知っている専門家よりも、周辺業務の知識を持つ専門家のほうが、よりレベルが高い次元で仕事ができることはいうまでもないでしょう。

職種が変わる配置転換を行うことは、通常持ち得ない二つ以上の専門性を深めていくということになり、本人のヤル気と会社のバックアップ体制さえ整えば、積極的にチャレンジしていくべきです。そのためには、しっかりとした配置転換のルールと、本人にとっては多少高いハードルを用意し、会社と社員が意思を確認し合いながら進めていくことが大切なのです。

図21 キャリア申告シート（例）

キャリア申告シート

現在の仕事に関して

仕事の質	仕事の量	仕事に対する興味
□とても高いと思う	□多すぎる	□とても興味がある
□高いと思う	□多い	□興味がある
□適当である	□適当である	□普通である
□低いと思う	□少ない	□あまり興味がない
□低すぎると思う	□少なすぎる	□全く興味がない

職場での人間関係	仕事への適性
□とてもよく自分にとってプラスになる	□とても適していると思う
□良好だと思う	□適していると思う
□普通である	□特に感じない
□あまりよくないと思う	□あまり適していないと思う
□よくなく、自分にとってマイナスである	□適しておらずヤル気が出ない

現在行っている業務を具体的に記入してください		今後取り組みたい業務・目指しているレベル	

必要なサポート・自己啓発目標などを自由に記入してください	会社からのコメント

第 8 章

「7つのしくみ」その7

社員と共有したい「教育研修」の本当の意義

教育研修には、会社が自社で行うもの以外にも
さまざまなものがあります。
最近では、社長が自社の社員と他社の社員を比較する目的で、
外部研修に参加させるケースも増えているようです。
これは、広く社会に通用する人材でなければ
会社の将来は任せられないということでしょう。
そしてこのようなニーズに対応した、各社の管理職が集まる
「他流試合」のような研修も一部で行われています。
研修は、「階層別研修」「職能別研修」「ＯＪＴ」「自己啓発」
「選抜型研修」の五つにまとめることができます。
詳細は本章で解説しますが、いくら会社がよい研修を用意しても、
実際に研修を受ける社員が、
学ぶことの重要性を理解していなければ、意味がありません。
では、社員と共有したい教育研修の
本当の意義について見ていきましょう。

1 学ぶことは決して与えられてやるものではない

学ぶこと、知ることを楽しめないと成長はない

人間とは、本来、学ぶことを楽しめる生き物です。それは小さな子供があらゆることに興味を持ち、目を輝かせながら学んでいる姿を見ればわかるでしょう。しかし、いつの頃からか、学ぶことへの興味を失ってしまっていることが多いようです。

ある会社で、社長自身が参加してたいへんよかったと思った研修を、社内の希望者全員に受けさせることにしたそうです。その日は休日でしたが、費用は会社で負担することにしたので、たくさんの参加者が集まるかとその社長は期待していました。しかし実際は、数十人の社員のうち二人しか集まらず、とてもがっかりしたそうです。しかも参加した二人は、その研修を受けなくても十分その内容をわかっているだろうと思われる優秀な人材でした。

このことは、その社長からしてみれば意外な結果だったのかもしれませんが、私たちから見ればごく当たり前な結果に映りました。なぜなら、学ぶことに貪欲な人はどこまでも貪欲で、その結果、仕事や人生もどんどん充実させていくことができます。逆に、新しいことを学ぶこと、知識を仕入れることに興味を持てない人は、いつまで経っても今ある自分の枠を破ること

ができず、成長が止まってしまうからです。

同じようなことを、ある研修会社の人が話していました。「階層別の研修をやっていておもしろい特徴があります。それは、忙しいはずの社長や役員の研修のほうが出席率がよく、研修自体も盛り上がるのです。やはり何かを学ぶという姿勢ができている人が、大きな仕事をしていくのですね」。

学ぶことを楽しむための「意味づけ力」

新卒で会社に入った当初は、それまでとはまったく違う世界を見るために、社員はいろいろなことに興味を持って、学ぼうとします。また、知識や技術を身につけなければ、仕事をこなしていくことはできません。しかし、早ければ入社三年も経てば、一通りの仕事はできるようになります。ましてや同じ会社で一〇年も勤めていれば、日々の自分の仕事に関してはある程度、確立できているはずです。しかし、ここからさらに自分を高めるためには、自らいろいろなことを学ぶ機会を作っていかなければいけません。あるいは用意された機会を最大限に生かしていかなければいけないのです。

いくらいろいろなことに興味を持って学べといわれても、それを実行するのはなかなか難しいものです。では、実際に多くのことを楽しみながら学んでいる人は、どのようにしているのでしょうか? そこにはある一つの共通点があります。それは、聞くもの、見るものすべてを

「自分にとってどんな意味があるのか」ということに関連づけて考える、いわば「意味づけ力」に優れているという点です。

人間は、自分に関連していることには興味を持ちます。例えば、自分が就職活動をしているときは各社の新卒採用人数が気になりますし、子供ができれば子供の世界の流行は何かということが気になります。ありきたりな事件や事故であっても、自分の住む家の近所で起きたことであれば、興味を持って新聞の細部まで読むでしょう。

学ぶためには、まず興味を持たなければいけません。そして、興味を持たせるためには、それが自分にどのようにかかわっているかを勝手に連想させればよいのです。

例えば、総務所属の社員を参加させた研修の内容が、営業社員向けのものだったとします。そんなとき、「この研修は営業社員のためのものだから自分には直接関係ない。適当に聞いておこう」と考えるのではなく、「この営業手法の話は、ちょっと見方を変えると、総務でも社内営業に使えるかもしれないぞ」と考えるように指導するのです。

会社のトップに立つ社長は、いつもこのような考え方をして、一分一秒たりとも無駄にはしません。一見、無駄に思えるようなことでも、自分で勝手に意味のあることにしてしまえば、すべてのものから学ぶことはできるのです。

もう一つおもしろい話を紹介しましょう。ある会社の社長は、仕事に関係するセミナーにできるだけたくさん出るようにしているそうです。そして、そこで教えられたことを「いい点」

「悪い点」に整理して、できるだけ自社で取り入れられることをまとめて、実際に試してみるのだそうです。「セミナー参加料金の三倍は絶対に取り戻す」がこの社長の口癖です。

しかし、中には内容的にどうしようもないセミナーもあるといいます。そんなときはどうするのか。その社長いわく、せっかく参加したのだから「そのセミナーがどのようにすればいいものになるかを考える」のだそうです。そうすれば、自社に帰ってから社員に伝えるべきことが見えてくるのだそうです。

疑似体験ができる人がリーダーになれる

本書でも、第３章の「発揮能力評価」の中などで、実際に自分で体験することが大切だということを何度も述べてきました。仕事の進め方というのは、初めから効率ばかり求めていては、その本質に気づかないものです。しかし、リーダー、管理職、そして経営に携わるクラスにまでなってくると、逆にすべて自分で体験してからでないと人に指導できないというのでは困ります。人の上に立つ人間は、教育研修や他人に教わったことをしっかりと理解し、自分が経験したかのように人に指示、命令できるようにならなければいけません。

専門化された職人の世界なら、自分が体験した深いその知識と技術とを長い時間かけて継承していけばいいでしょう。しかし、会社という組織で、しかもこの変化の激しい時代において人の上に立つ人間は、**研修や人から学ぶことでさまざまな情報を収集し、それを自らの経験と**

知識で想像力豊かに疑似体験できなければいけません。そして、その疑似体験をもとに、部下や周囲の協力者、取引先などに的確な指示・命令を出していかなければいけないのです。

これができなければ、その組織（チーム、課、会社）は、リーダー一人以上の組織にはなり得ません。そして、それはすなわち、社長や上に立つ人間がいつまでも時間に追われながら実務をこなし続けるということを意味するのです。

教育訓練を受ける目的は、立場によって異なります。今取り組んでいる仕事について実務を得ようとする人、広い意味で何かよい情報を得ようとする人、そして今述べたように部下や協力者に指示を出すために知識を仕入れようとする人などです。

しかし、どのような立場でも、「自分の知らないことを仕入れる」のに、教育研修というものが必要であることは間違いありません。そしてその研修では決して受け身ではなく、主体的に自分が最も必要とするものをつかみ取らなければいけないのです。

2 自分に投資することが未来を創る

最も効果的な投資は「自分自身への投資」だ

誰もが将来、経済的に豊かになりたいと願うものです。金融の自由化に伴い、さまざまな投資商品が登場し、サラリーマンにとっても株式投資などが一般的なものとなりました。

しかし、ある著名な経済学者が「最も確実で効果的な投資方法は何か」という問いに対して、次のようなことをいっています。

「それは自分自身に投資することです。どんな金融のプロでも相場を読み違えることはあります。しかし自分自身に投資したものは、健康である限り自分を支え続けます。たとえ全財産をなくしたとしても、職業人として十分な経験、知識、技術、人脈を持ってさえすれば、また一からやり直すことができるのです」

これは当たり前のことですが、それでいて気づきにくいことでもあります。一昔前に比べて、今は自由に情報を得ることができるようになりました。自分に必要だと思う情報は、インターネット、書籍、各種研修などで簡単に手に入れることができます。もし、今あなたが「何を勉強したらいいのかわからない」と悩むのであれば、**今行っている仕事についてさらに深く勉強してみるとよいでしょう。**意外に自分のやっている仕事のことすら知らないものです。何かを学んでみて初めて、さらに学ばなければいけないことが見えてくるのです。

形に残らないものが実は一番価値がある

二〇〇五年四月、個人情報保護法が全面的に施行されました。私たちの会社でも、以前からそのための内部研修を始めており、さらに外部の研修にも頻繁に参加していました。このような研修には当然、コンサルタント会社以外の一般企業からも多くの人が参加していました。

ほとんどの参加者は会社からの指名で、会社の経費で研修を受けにきていましたが、中には自腹で、しかも休日を使って参加している人もいました。一般のサラリーマンにとって、決して安くない値段の研修です。彼らはなぜそこまでできるのでしょうか?

彼らに聞いてみると、「会社にいわれてからでは遅い」というのです。その中の一人は、「会社が個人情報保護対策に興味を持っていることはわかっている。もしかしたら自分にその役割を回してもらえるかもしれない。でも、何もしなければ別の誰かに指名がいってしまう可能性だってある。今回は自分としてどうしてもやってみたいと思ったから、先に投資をして、会社に企画書を持っていくつもりだ」ということを話してくれました。

この若い社員が、希望通りの仕事に就けたかどうかはわかりません。しかし、会社がこのようなポストの人選をするとき、単に希望した人と、事前に自分で調べ、勉強してから希望してきた人と、どちらを選ぶ可能性が高いでしょうか? 当然、後者であることは間違いありません。

あるベンチャー会社の社長が、次のようなことをいっています。

「うちの会社では、新規でやりたいことがあれば、何でもやっていいことにしています。ただし、私を含めて経営陣を納得させることができてからです。私が重視するのは、その事業が成功する見込みがあるかどうかよりも、むしろその社員がその企画を立てるのに、どれだけの時間と金を投資して準備してきたかという点です。そこで、その社員の本気度が見えるのです。その事業が成功するかどうかなんて、正直いって私たちにもわかりませんから」

これからの時代は、たとえ会社に勤めるサラリーマンであっても、金銭的な面で自分に投資をしなければいけなくなってきます。逆にいえば、それだけお金をかけてでも得たいものが見つけられたということは、その人の中にその金額と同等以上のヤル気が生まれているということなのです。最も価値のあるお金の使い方というのは、このような使い方ではないでしょうか。形のあるものにお金を使うよりも、自分の血となり知識となるものにお金を使うほうが、これからの人生にとってよほど価値あるものになるに違いありません。

聞いて終わる人とすぐに実行する人の差

年間に何百回も講演活動をしている人が、「皆さん、研修では非常に素直に話を聞いてくれるのですが、実行してくれる人は少ないですね。皆、すぐにできない理由を考えます。今できないことは一〇年後もできないのですけどね」と話していました。

非常に耳の痛い話ですが、これは多くの人にとってあてはまる事実ではないでしょうか。

節の初めに、金銭的な投資について述べましたが、金銭的な投資以上に重要なのが**時間の投資**です。限られた時間の中で、いかにして自分の将来に向けて行動・勉強していくかが非常に重要な問題なのです。

研修は、その期間や内容にもよりますが、ほとんどの場合、「気づき」を与えてもらうだけのものです。それをいかに自分の生活、仕事の中に取り込んでいくかは本人次第といえます。そもそも、研修を終えた直後が一番気持ちも高ぶり、ヤル気になっています。このときに何か一つでも行動に移しておかなければ、もう二度と「あのときの研修内容を実践してみよう」と思う日は来ないでしょう。

研修を受けても、その結果はすぐには出ません。しかし、その後の行動によって、一年後、二年後、五年後に大きな差となって表れるのです。

3 情報を得るために、こころのアンテナは常に立てておく

◉目的を持って研修に臨むことで効果は数倍変わる

研修にはそれ自体に一応の目的があります。「マナー研修」「リーダーシップ研修」「技術習得研修」など、それぞれの研修にはその知識・技術を必要とする人が集まってきます。しかし、ただ「会社からいわれたから、参加しておこう」「自分に必要な技術の研修だから、ためになることを教えてもらえるだろう」という姿勢で研修に参加しては、いくらその研修をまじめに受けたとしても、最大でもその内容の一〇〇%までしか吸収できないでしょう。せっかく貴重

な時間とお金を費やして参加する研修なのですから、一二〇%以上の成果を得たいものです。

ある会社の幹部社員は、研修に参加するときは必ず、「事前にある程度研修の内容を調べて、質問をいくつか準備してから参加する。その項目を講義内容で一つひとつつぶしていき、講義が終わって、つぶし切れなかった質問や、新たに出てきた質問を講義後に質問する」といっていました。これを実行するだけでも、研修内容は相当充実したものになるはずです。

彼は一般の人とは別に、その研修に対して「自分なりの目的、テーマ」を持って臨んでいるのです。講師の立場にしても、事前に勉強をして質問をする人というのはわかるものです。そのような人には自然と受け答えもていねいになります。準備をして臨むことで、周囲の参加者以上に充実した研修にすることができるのです。

こころのアンテナが立っていることでキャッチできるもの

研修の重要性を述べてきましたが、何も学ぶことは研修でしかできないわけではありません。常に、いろいろなことから学ぶことはできます。この章では、研修を本当に意味のある効果的なものにするための考え方や姿勢を述べてきました。要は、「自ら学ぼう」という意思を持ち、普段からしっかりとその**こころのアンテナ**を立てられているかどうかが重要なのです。こころのアンテナが立っていれば、普段は見過ごしてしまうものもしっかりとキャッチできます。

例えば、毎日の通勤路にある「赤いもの」を思い浮かべてください。そして、明日、その通勤路を歩きながら「赤いもの」を探してみてください。おそらく想像した数より何倍も「赤いもの」を見つけることができるはずです。

これと同じで、今自分が抱えている重要な仕事を常に意識していれば、おのずといろんな場面で、それに関連する情報が入ってきます。その情報は、目だけでなく耳からも入ってきます。また会話の中でも、常に意識していれば、それに関連した話題を自然と持ち出すことができ、会話の相手から意外な情報を得ることだってできるかもしれません。

このこころのアンテナを立てるということは、簡単なようで、実はとても難しいものです。最初は常に意識しておかなければ、なかなかできるものではありません。しかし、続けていくうちに、徐々に自然にできるようになっていくものなのです。

アウトプットを意識することがインプットを変える

研修は目的を持って参加することが重要だということはすでに述べました。しかし、「今日はこれと、これと、この知識を仕入れよう」という気持ちだけで聞いていると、いざ自分で使おうと思ったときにその知識を使えなかったり、忘れてしまっていることがよくあります。

では、どのような気持ちで研修を受けるのが一番効果的なのでしょうか？　それは先ほど述べた「意味づけ力」と同じで、**自分なりにその内容を実際にどのように使うのかを想定しながら聞く**ということに尽きます。

自分がやらなければいけないことが迫っているときは、自然とその細部まで聞き漏らさないようにするものです。そのように差し迫った状況でない場合は、**その内容を誰かに説明することを想定して聞く**とよいでしょう。聞いて理解したつもりでも、その内容を同じように誰かに伝えることは意外に難しいものです。自然とメモを取る量も変わってくるでしょう。研修を単なる自分自身へのインプットの場にするのではなく、自分から外部へアウトプットできるまで完成度を高くインプットすることで、より研修の内容を理解することができるのです。

「教育研修制度」の構築・運用法

五つの教育研修制度で人材を育成する

教育研修制度は、次の五つに分けて体系的に考えていくとよいでしょう。

①**階層別研修**……組織を「幹部社員」「管理職」「中堅社員」「新入社員」の四つの階層に分け、各階層において必要と思われる知識・技術を伝えるものです。それぞれの役割や責任範囲に応じてカリキュラムは異なりますが、自社の社員として理解すべきベーシックスキルを共有してもらうために、全社員必須の研修として実施するとよいでしょう。

②**職能別研修**……各職務に応じて、必要な知識・技術を習得するための研修です。「基礎編」「応用編」に加え、よりレベルが高い「専門編」という三つの段階で行うといいでしょう。また、これらの研修の受講を「選択型」にすることで、社員が自らのキャリア構築を自発的に考え、主体性を持って研修に参加するようになります。

③**OJT**（On the Job Training）……座学で知識・技術を学んでもそれを実践しなければ、真の「知恵・技能」として活用はできません。職場でOJTを行い、上司や先輩、

あるいは社内ESトレーナー（二一五ページ参照）が講師について、個々の社員を強化していくことが重要です。また、OJTによって、職場内のコミュニケーションが円滑になるというメリットもあります。

④自己啓発……業務上、あるいは自らのキャリア構築のために必要と思われる知識・技術を個人で学び、習得するプログラムです。会社側がある程度メニューを示したり、資格取得を支援するなどして、受け身ではなく主体的・積極的に学ぶ風土を築きます。

⑤選抜型研修……将来の「リーダー」＝**「エース人財」**として育てたい社員を選択・指名し、特別プログラムを受講させるものです。

それぞれ研修のカリキュラムや実施方法は違っても、重要なのは会社として一貫性を保つことです。経営理念やビジョン、人材育成方針に沿って習得すべき知識・技術を明確にし、会社としての一貫性を保ちながら伝えていかなければなりません。

また、単発的な研修だけでは、その効果を持続することはできません。人は、学習直後に一〇〇％覚えていたものが、二〇分後には四二％忘れ、一時間後には五九％、九時間後には六四％、さらに一日後には七四％、そして一カ月後には七九％忘れるといわれています（「エビングハウス（独・心理学者）の忘却曲線」より／図21参照）。つまり、研修で習得した知識・技術を業務の中で実践し、経験値として体に刻み込ませていくことが重要なのです。

このような研修制度の前提として、経営理念に基づいた会社としての人財育成プランを策定しなければなりません。今は組織の力で業績を伸ばせているとしても、三年後、五年後、一〇年後の将来を見据えて〝あるべき理想の人財像〟を明確にし、全社員の指標にすることが大切です。また、目指す人材像と現状の社員のギャップを認識させ、主体的に自己向上に取り組んでいく風土をつくっていくとよいでしょう。

教育研修の進め方

教育研修は、**社内で実施する場合と、外部の教育機関が実施するプログラムに対象の社員を参加させる場合**とがあります。

社内で行う場合は、研修だけでなく、そのための会場手配から事前準備まで、運営面の一切を社内で行わなければなりません。しかし、参加している社員の様子をじかに見ながら、内容の理解度や意欲がどの程度なのかを確認することができます。

逆に、外部のプログラムに参加させる場合は、対象の社員をピックアップして、その他の運営面はすべて教育機関に任せることができますが、自社の教育研修体系の中の一つとして、その内容に一貫性があるかどうかを検討する必要があります。この二つの方法の特性を生かして、社内での実施と外部プログラムへの参加とをうまく組み合わせて取り組むとよいでしょう。

さらに、社内で研修を行う場合は、社内の人間が自ら講師となるケースと、外部機関に講師

図21 エビングハウスの忘却曲線

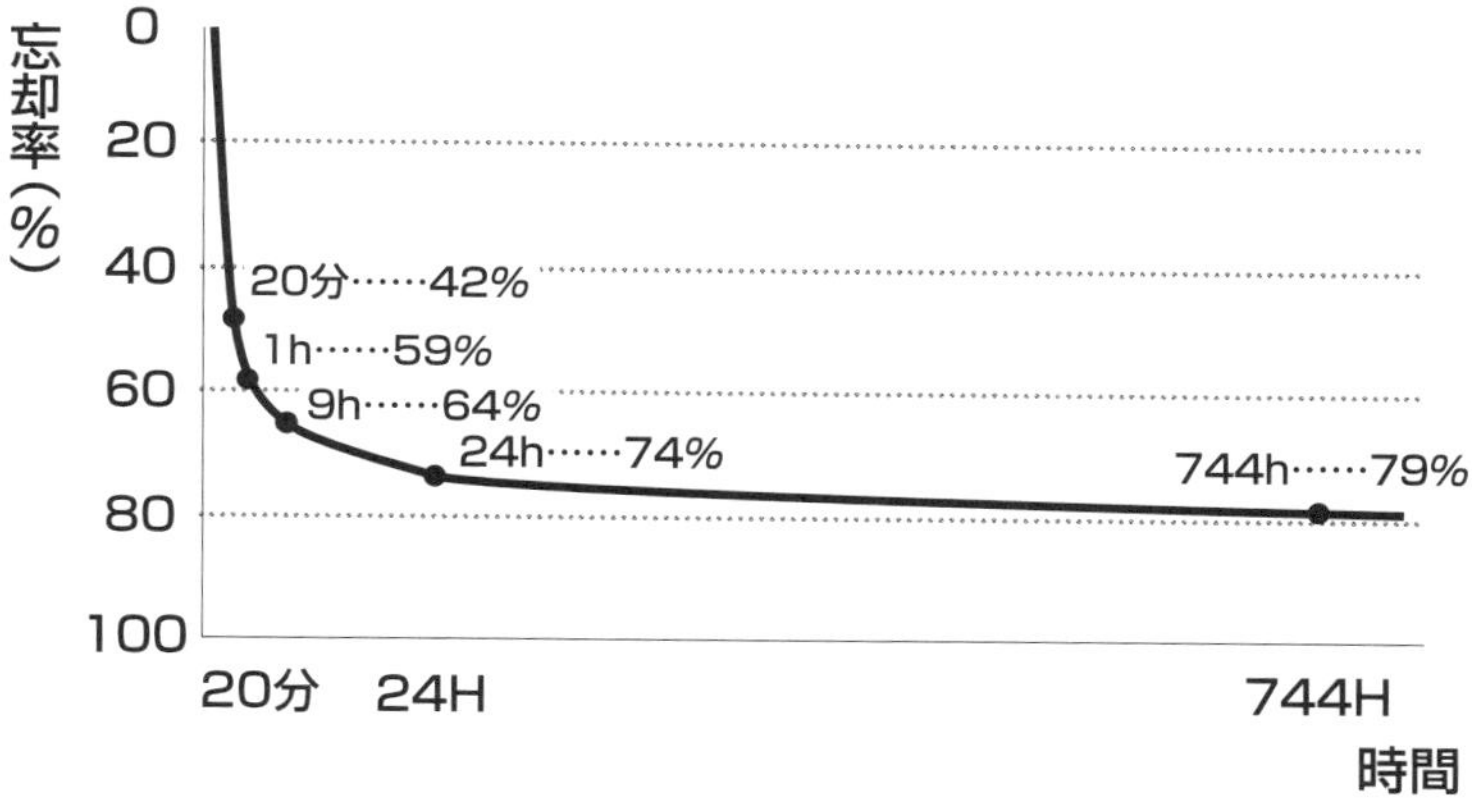

を委託するケースとがあります。

例えば、ある企業では、業務知識・技術を習得する研修の場合、自らの経験や暗黙知を他の社員と共有し、組織全体でレベルアップしていくために、あえて社内の人間に講師を担当させています。また別の企業では、社長や管理職が常々口にしていながら、なかなか部下に理解してもらえないこと（例えば、仕事への取り組み方や働く意義など）を、あえて第三者から伝えてもらうことで、社会人としての考え方や行動を認識してもらえるように、マナーやキャリアデザイン、リーダーシップなどに関しては、外部機関に講師を委託しているところもあります。このように、**社内講師と外部講師とをうまく組み合わせて、社員の理解度・納得度を高める仕掛けを施す**といいでしょう。

教育研修は、

・講師が対象社員へ一方的に講義を進める「トップダウン型」
・社員が自ら考えたり話したりする「ボトムアップ型」
この二つのプログラムを実施すると、相乗作用で効果を倍増することができます。

ここで、ある企業での取り組みを紹介しましょう。
A社では、階層別に行う基礎研修と、「営業」「管理」などの部門ごとに行う専門研修とを組み合わせて、体系的な教育研修制度をつくりました。専門研修は、それぞれの職務に必要な知識・技術を基本から応用まで習得するために、社内のベテラン社員に講師を依頼したり、外部機関を活用したりしてトップダウン型で進め、一方、階層別研修に関しては、会社の理念や価値観への理解を深め、社員としての誇りやロイヤリティーを高める目的があったため、社員主体のボトムアップ型の研修を実施しました。
この会社が実施した各階層の研修プログラムは次の通りです。

新入社員

テーマ「●●株式会社の社員として働く意義とは」
・ビデオ講義

・グループ討議～自分たちが実践できることとは
・やるきんぐノートに記入
〝ネガティブな言葉は不幸を招く〟
〝「やりたい仕事」はやるべきことをしなければ見つからない〟

中堅社員

テーマ「○○株式会社のリーダー像とは」
・ビデオ講義
・グループ討議～自社の理想のリーダー像と社員像
・やるきんぐノートに記入
〝言葉を変えれば行動も変わる〟
〝自分のやっている仕事に不安が出たら入社当時を思い出そう〟

管理職（幹部社員含む）

テーマ「社員行動基準を作ろう」

・講義～今、求められる管理職の姿
・講義～組織活性度診断の結果報告
・グループ討議～診断結果を踏まえて、自社の組織の課題を抽出
・各グループの発表
・個人・グループ討議～社員行動基準の検討
・各グループの発表後、全体討議～自社の行動基準の策定

新入社員と中堅社員に関しては、同じビデオ教材とやるきんぐノートというコーチングツールを使用し、グループ討議のテーマだけを変えて行いました。

社会人としてトレーニング期間にある新入社員は、社会人としてあるべき姿を伝えつつも、モチベーションを刺激するよう、討議を進めます。中堅社員は、自らのキャリアや目標に関して迷いが生じる時期でもあるので、自社の社員としての誇りとロイヤリティーを持って仕事に取り組んでもらうよう、お互いが考えるリーダー像や社員像について討議してもらいました。

管理職に関しては、会社の理念や価値観を踏まえたうえで、社員行動基準を作ることをテーマにしました。研修では、まず組織風土を分析し、その結果をもとにグループ討議を行い、モチベーションやリーダーシップの発揮について問題点を共有しました。次に、行動基準を書いた「アセスメントカード」を使って、社員として必要だと感じる行動特性を抽出し、それをグ

ループ内でＫＪ法を用いて検討しました。そして最終的には、全社共通の行動基準として、五つの項目と定義をまとめてもらいました。

自社の社員行動基準を自ら作ることで、受け身な感情が取り払われ、日々の仕事を通じた行動目標が明確になります。また、会社の理念や価値観を行動基準として具体的に理解させることができるため、組織への浸透がスムーズになるという効果もあります。つまり、ボトムアップ型で策定した社員行動基準と「人事制度の7つのしくみ」の「発揮能力」の項目が一致すれば、会社とのベクトルを合わせて高いパフォーマンスを発揮することができるというわけです。

教育研修は、一方的な「トップダウン型」だけでは「人事の7つのしくみ」の一つとして、会社と社員のＷＩＮ－ＷＩＮな関係を構築することはできません。社員を巻き込んだ「ボトムアップ型」の研修も取り入れ、階層ごと、職能ごとに体系的に実施することで、社員の主体性や目標意識を引き出し、組織に理念やビジョンを染み込ませることができるのです。

特別インタビュー!

「語り部が伝えていた会社のDNAは、教育研修制度で伝えていく」

「企業人事現場・生の声」その3

川崎汽船では早くから成果主義の人事制度を導入されたそうですが

「そうですね。海運業界というのは他の業界と違って、早いうちからグローバルな競争にさらされてきました。何といっても、海は世界中にありますから。実際、私が入社してからも、相当厳しい時期があったんです。ですから、会社としても、比較的早くに成果主義の人事制度を導入しました。二〇〇一年くらいには、完全な形で業績連動型の成果主義人事制度を導入していましたね。ちょうどその頃は、中国市場の活性化などの追い風もあって、業績がよくなり始めた頃でした」

成果型の人事制度はうまく導入できたということですね?

「そうですね。業績もよかったですし、割とうまく導入できたのではないかと思います。このこともあって、社員は一人ひとり目標意識を持ってがんばるようになりましたし、企業としても、かなり無駄を省いた筋肉質な組織になれたと思います」

実際に成果主義の人事制度を何年か運用してみて、何か次の課題のようなものは見えてきましたか?

「おそらく外の方には、特に問題がないように見えていたかもしれません。実際、会社の業績も社員の給与水準もよくなっていたわけですから。ただ人事部としては、社員、特に若手社員の中に、ちょっとした疲弊感のようなものが出てきているなと感じたんです。目標に向かって走り続けていることでちょっと息切れしているというか、追い立てられ続けているというか、そんな感じを受けたんです。もちろん人事としては、評価に対して不服を聞くための窓口も設置していました。でも、制度に対する不満はほとんど上がってきませんでした。そんなとき、わたしは全社的に『不満ではない』が、何か疲弊感があるなと感じていたんです。これは何なのかな

元川崎汽船株式会社
人事グループ人事チーム
社会保険労務士
田代事務所　所長
田代英治氏

大学卒業後、川崎汽船株式会社に入社。輸入部の営業職などを経て1993年に人事部人事課へ異動。成果主義への移行を主とした新人事制度の構築、導入プロジェクトの中心的存在として、企画・立案から労働組合との折衝、社内説明会の開催まで一貫して携わる。2005年6月独立開業

と。相当原因を考えましたよ。このままでは、業績がよいときはいいけれど、悪くなったら一気に崩壊してしまいそうな気がして。それで、悩みに悩んでたどり着いたのが、人材教育、特に川崎汽船という会社で働く意味を社員に教育することでした」

働く意味の教育ですか？

「そうです。成果主義が定着し始めた頃から、何といったらいいのか、川崎汽船のＤＮＡみたいなものがだんだんと薄れていっているな、と感じ始めたんです。入社してくる新人にしても、昔はただ単に『海が好きだからここにきた』なんて人も多かったんですが、最近は頭のいい人が多いというか……。それはそれでもちろんいいのですが、やはり川崎汽船という会社で働く意義を感じて、そこで働いていることで幸せを感じられるということが、社員一人ひとりに必要ではないかと。そのＤＮＡというか、個性＝川崎汽船ということが、会社の強みになると思ったんです。昔は、会社のＤＮＡなんてものは自然と社員に伝わっていったものです。ほら、よくお話好きの主《ぬし》みたいな社員がいたじゃないですか。『昔はこの会社はなあ……』って、ちょっとした時間を見つけて話したりしていましたよね。でも、そういう人が、成果主義の人事制度を進めていく中で徐々に少なくなってしまった。効率化、筋肉質の組織を求めるあまり、ちょっとした話をする余裕もなくなってしまったというわけです。でも、このＤＮＡが重要なんじゃないかと気づいたんです。やっぱり、外の人からは『さすが川崎汽船さんの方だ』といわれ、社員一人ひとりとしては『この会社で働いておもしろかった』といいたいじゃないですか。これって、やはりお金ではなく、その会社で働く意義だと思うんです。そして、そのＤＮＡ、つまり昔からの会社のよさは、ずっと伝えていかなければいけないものなんです。もちろん、昔に逆戻りするわけにはいきません。ですから、語り部がいなくなってしまうのであれば、別の形で伝えていくしかないのです。そしてそれが教育研修制度ではないかと」

最後に、具体的にどのようなことを行ったのか教えてください。

「まずは、社内のいろんな人に『川崎汽船』のＤＮＡは何かを、聞いて回りました。いろいろな答えが返ってきましたよ。そして、それをもとに社内研修制度の基本ポイントを作成しました。特に重視したのは、全体のチームワークですね。成果主義を進めていくと、どうしても組織の一員ということを忘れがちになります。自律と自立は必要ですが、チームワークも非常に重要です。ですから、研修では一部のエリートを育てるというのではなく、全社員のレベルアップをはかることに主眼を置きました。また、最近ですが、若手社員の教育に力を入れた新しい教育研修体系を導入したんですよ。これからも教育研修については見直しが必要だと思いますが、成果主義の人事制度とバランスを取る意味でも、必ずこのような取り組みは必要だと思っています」

第 9 章

企業の成長段階別「就業規則の作り方」

人事制度と就業規則はこう連動させる!

ここまで、人事制度の「7つのしくみ」とその本質の部分を詳しく見てきました。人事制度の「7つのしくみ」はただつくるだけでは意味がなく、社長を含めて社員全員がその本当の意義を理解して初めて、社員満足を高めながら業績を上げられるのです。

これまでの解説の中で、「会社に合った」という言葉を多く用いてきました。「会社に合った制度」というのは、その会社の成長段階に合った制度ということです。確かに経営理念は、何年経っても変わることはないでしょう。しかし、一〇年も前のしくみを使い続けることはできません。会社の成長や外部環境の変化に応じて、人事制度や社内の決まりごとは変化しなければいけないのです（図22参照）。そしてその変化も、その都度しっかりと「7つのしくみ」を使って、社員全員に浸透させていかなければなりません。

人事制度を作ったり変更したりする場合は、就業規則や賃金規程などの社内規程も変更しなければいけません。就業規則のことを、「労働基準法で定められたことを、ある程度自社にアレンジして定めておくもの」だと思っている人がたくさんいるのには驚かされます。私たちは、**就業規則とは、会社の経営理念をそのときどきのやり方（ルール）で社員に伝えるツールの一つ**だと考えています。単に、法律の定めと会社のルールを書いた無機質なものにしてしまっては、就業規則を有効活用しているとはいえません。

では、この章では、会社の成長に合わせた人事制度の変化と、就業規則の作り方について話していきましょう。

図22 会社の成長と重要となる就業規則

	創業期	成長期	成熟期
会社の成長	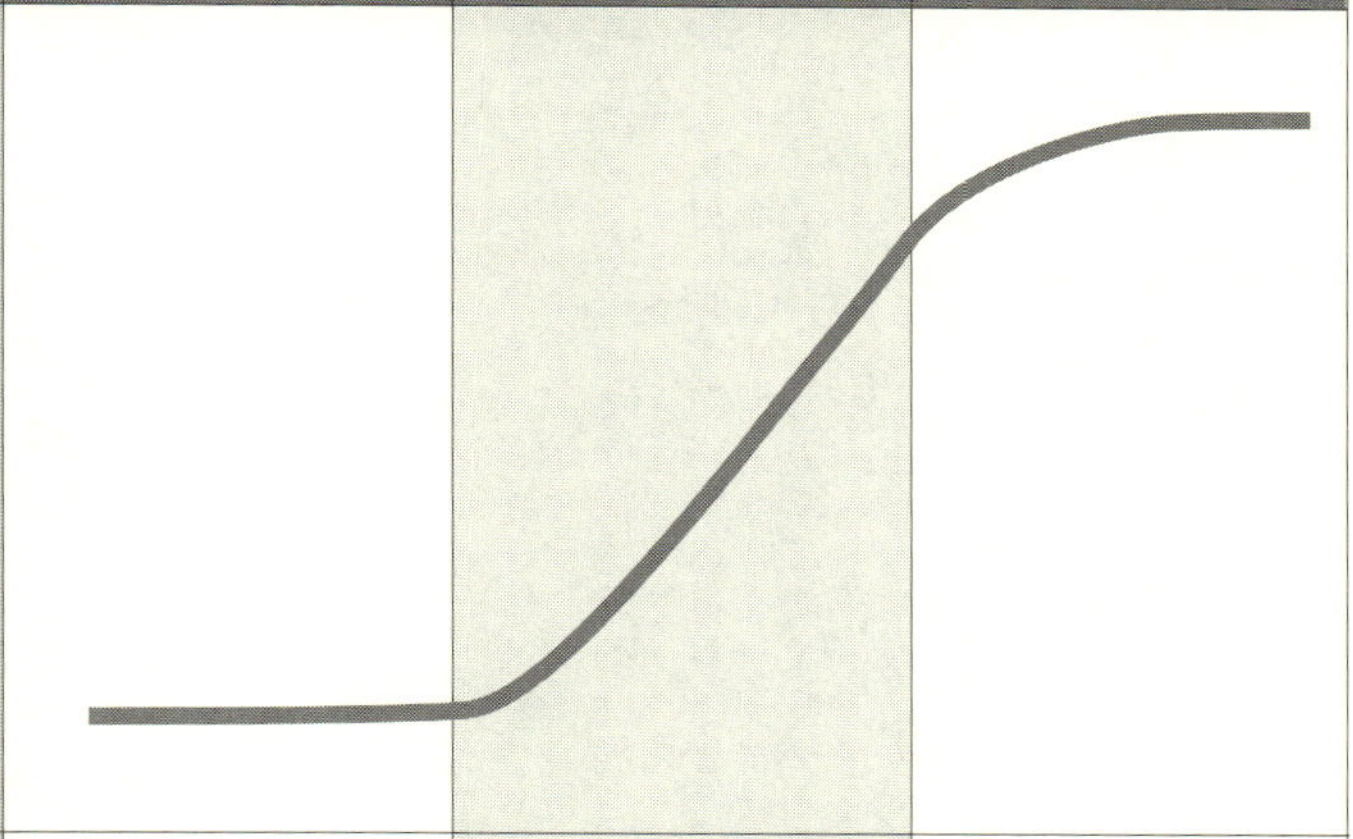		
重要となる部分	序文 総則 出退勤・休日 賃金の支払い方法 退職に関する事項	異動 懲戒・解雇 勤務時間制度 （フレックスタイム、裁量労働など） 昇給・賞与 休暇 （年次有給休暇など）	教育訓練 配置転換 福利厚生 表彰制度 人材活用 （女性の職場復帰、定年延長、再雇用プログラムなど）

●創業期

会社がスタートしてまだ間もない創業期は、メンバーがもともと顔見知りだったり、そうでなかったとしても、毎日同じメンバーで長時間コミュニケーションを取りながら働くことになるので、「以心伝心」的な働き方ができます。経営理念という明確なものが「文字」としてできていなくても、社員の方向性がぶれることは少なく、経営理念を探し求めながら進んでいる会社さえあります。

この時期、制度やルールの一つひとつを綿密に考えて規定に落とし込むような時間を取ることは難しく、どうしても人事制度や就業規則は後回しになってしまいがちです。この時期のメンバーには、残業や休日出勤を気にする社員は少なく、給与についてもあまり不満はなく、会社と自分の将来に希望を見出しながら働いている社員がほとんどでしょう。

この時期に固めておかなければいけないのは、会社の骨格となる「考え方」と最低限度の「規定」です。例えば、就業規則であれば経営理念を反映させた序文や、人事制度であれば大雑把な人事コース図、等級などです。そして、最も重要なのは、どんなスキルを持つ人間を何人程度、社員として必要なのかという経営計画的な部分なのです。

この時期の昇給や賞与は、社長や経営者が社員の働きぶりを直接見て決定することが多く、それはそれで納得性が高いので、うまく運用できているケースも多く見受けられます。ただし、注意しなければいけないのは、その昇給や賞与が、今後長く続いていくであろう会社の人事制度の基本となってしまう点です。言葉を変えれば、それらのことは社員の中で既得権となってしまう可能性を秘めているのです。

あとから入ってきた社員が「去年は賞与が五カ月もあったのに、今年の賞与が一カ月分しかないのはおかしい」といい出すことがあるかもしれません。また、創業メンバーに対して特別に、慰労金的な意味で退職金を支給する場合も、その名目や意味づけに気をつけなければ、あとから入った社員の中で「退職金のある会社」だというのが常識となってしまいます。就業規則は、このような部分をしっかりと明記して、まずはシンプルなものを作る必要があります。

また、就業規則には「絶対的記載事項」というものがあり、必ず定めなければいけない事項が列挙されています。これは、労働基準法で決められているもので、今後新たに社員を雇う場合、会社と社員が共有しておかなければいけない最低限のルールです。

以前、創業一年くらいの会社から、初めて社員を雇うということで相談を受けたとき、会社の始業時間さえ決まっていなかったことがありました。その会社では全員が昼夜を問わず働いていたのですが、法律で定められた最新基準を満し、少しずつ社員の数を増やして組織として成長するためには、まずは会社にとって最も効率的な就労時間を決めて、社員の受け入れ態勢を整えなければならないのです。

●成長期

取引先の数が増えてきて急激に売り上げが伸び、一気に成長期に入る会社は少なくありません。このとき創業メンバーは、その努力によって経験を積み、取引先からも信頼を得て、レベルの高い仕事ができるようになっているでしょう。

そして成長期に入った会社は、当然、新しい人材が必要になり、採用を始めます。しかし、これまで一心同体だった創業メンバー以外の新しいメンバーが入ってくるのですから、この時期に制度を整備しておかなければなりません。

人事制度でいえば、まず賃金の問題が出てきます。これまでなんとなく払える額で決めていた賃金を、仕事や役割に合う整合性の取れたものにしなくてはいけません。特に、この時期によく起こる問題が、同じ職務にもかかわらず二〜三カ月入社が違うだけで、賃金にかなりの差がついてしまっているという問題です。

その原因は、この時期（成長期）は会社の成長に人がついていけないため、どうしても経験者を採用せざるを得ないからです。当然、経験者を採用する場合、前職の賃金を参考にしますから、結果的に同じような仕事をしていても、入社時点で賃金に格差が生じているというわけです。この状態を放置しておけば、社員間で不公平感が募るのはいうまでもありません。

ですからこの時期においては、人事コース図や等級基準、それに賃金表が必ず必要になってきます。創業期にその基礎をつくっておかないと、この時期になって急につくろうと思っても難しいでしょう。この時期の経営者の悩みは、とにかく「時間」がないことです。特に「じっくりと考える」時間がないのです。賃金制度に限らず、この時期は無理にでも時間を取って、全体的な人事制度や会社のルールについて考えなければいけません。

例えば教育に関していえば、たとえ経験者を雇ったとしても教育しなければなりません。ですから、そのマニュアルや体系づくりが必要となります。現実には、特にマニュアルなどを作らず、現場対応のＯＪＴで教育を行う会社も少なくないのですが、新人が入るたびに同じことを繰り返し教育しなければならず、結果的に非効率になってしまいます。

また、配置転換に関しては、新しい部署の設立も必要になってきます。それまで社長や役員が行っていた総務的な仕事をしている時間がなくなり、新しい人を入れたり、別の仕事をしていた人にお願いするというのはその典型例です。

就業規則に関していえば、人事制度構築などで変化があったことはその都度変更し、整備していかなければいけません。この時期はどうしても労使間でトラブルが発生しやすい時期になります。下手をすれば、その労使間のトラブルが、まだ固まり切っていない組織をぶち壊し、会社を倒産へと追い込むことすらあるのです。

例えば、先ほど創業時において、創業メンバーは残業も休日も気にせずにただ会社の将来を夢見て働いていると述べましたが、成長期に入社してきた社員はそのような働き方をする社員ばかりではありません。しっかりとした制度が存在している大手企業に勤めていた社員から見れば、成長期の会社の働き方は非効率で、ただがむしゃらに働いているだけに見えることも少なくないのです。

成長期には、それまで問題にならなかった残業代や休日勤務の問題、そして年次有給休暇の問題に対し、ルールを明確に定め、会社としてリスクに備えなければいけません。もし何も整備されてないうちに、社員とトラブルになってしまったら、会社は苦境に立たされることになります。

もし、創業メンバーが時間を気にせずに働いてきたその文化を大事にしたいというのであれば、「裁量労働制」や「フレックスタイム制」などの法律で認められた制度を取り入れて、創業時の文化を残しつつも整備された就業規則を作っていかなければなりません。

成熟期

成熟期に入ると、会社はいろいろな経験を積んで、人事制度や就業規則も形になってきています。それは、成功体験や失敗体験がきちんと伝承されているからに他なりません。しかし、逆にそのことが、新しいことに踏み出すチャンスを奪っているケースもあります。

成熟期の会社で一番多く見られる問題点は、社員が受け身になってしまっていることです。会社としてのやり方はすでにほとんどのものが確立しており、昔からのやり方に沿って仕事をしていれば、大きなミスをすることはありません。しかし、今まで一貫して述べてきている通り、今私たちが迎えている変化の激しい時代では、「速い会社」にならなければ生き残っていけないのです。

社員全員が受け身になるのではなく、何をしたらもっと会社が伸びるか、自分が成長できるかを考えて仕事に取り組まなければいけません。そのためにも、ときには人事制度も思い切った改革を実施する必要があります。「７つのしくみ」でいえば、特に配置転換や教育訓練で新たな試みを実施して、目標管理では社員がチャレンジングな目標を立てるように導くことが必要でしょう。

したがって就業規則においても、これらの人事施策をしっかりと反映させ、会社制度としての自己啓発制度や自己申告制度、さらには事業部立ち上げのしくみをつくるなどして、社員のモチベーションアップをはからなくてはいけません。

また、就業環境をよりよくして、働きやすい環境を実現していくことも大切です。例えば、女性の出産後の職場復帰プログラムや支援制度を充実させたり、業績による表彰制度を整備し、特別休暇を与えたりすることは社員のモチベーションアップにつながります。

このように、人事制度と就業規則は密接に関係しており、それらは会社の成長に合わせて変化させていかなければならないものなのです。

第10章

会社と社員の懸け橋として社内ESトレーナーを育てる

●—コミュニケーションが社員満足をつくり出す

これまでの章で説明してきた「社員満足（ＥＳ）を高める人事戦略」に基づいて構築された人事制度を運用・定着させるために、最も大切なことは何でしょうか。それは、現場のリーダーを「会社と社員の懸け橋」、すなわち「社内ＥＳトレーナー」として育て、現場に「人事の7つのしくみ」を浸透させる役割を担ってもらうことです。つまり、会社の理念や考え方を共有してもらい、社長と同じ価値観を持った「分身」として、組織にその考えを浸透させてもらうのです。

評価や賃金などのハード面の改革だけで、社員のモチベーションを向上させることは容易ではありません。ましてや、社員に感動をもたらして、高いパフォーマンスを発揮してもらうのは難しいでしょう。トップダウンで制度を導入・運用するだけでなく、制度を浸透させる担い手として管理職を育成したり、浸透しやすい組織の土壌をつくるなど、ソフト面から取り組んでいくことも重要なのです。

モチベーションを向上させる要素として、「動因」と「誘因」というものがあります。「動因」とは〝本人の内なる要因〟のことで、「誘因」とは〝外部からの影響による要因〟のことです。

これまでは、「誘因」として会社が社員に給与や地位を与えることで「動因」に結びつけ、モチベーションを高めることができました。しかし、〝物余りの時代〟といわれ、物質的に満たされている現代では、個々の内なる欲求（「マズローの欲求五段階説」でいう〝自我自尊の欲求〟や〝自己実現の欲求〟）が高まっています。そのため、会社が与える誘因だけではモチベーションを高めることが難しく、給与や報酬以外の〝こころの報酬〟という誘因を準備する必要があるのです。

私どものお客さまのある社長は、経営者も含めたリーダーの仕事として、「部下の笑顔を管理すること」を挙げていました。部署の業績を上げることでもなく、各々の業務を管理することでもなく、リーダーの役割はただ一つ、「仕事を通して部下に笑顔をもたらすこと」です。お客さまからの感謝の言葉や、目標達成の満足感、仲間とのチームワークなど、非金銭的報酬＝こころの報酬によって、部下一人ひとりが笑顔で仕事をできる環境・風土を築いていくことが、リーダーに求められる最も重要な役割なのです。

ここで、ある企業の中にある二つの組織に起きた変化を紹介したいと思います。

一年前、A社のB部門のリーダーは、次のような悩みを抱えていました。

「自分は毎朝ミーティングでサブリーダーに仕事を伝えて、現場の社員に指示や命令を出させている。でも、まだサブリーダーが育っていないから、指示や命令が中途半端で各自の進捗管理がうまくできていない。それに部下を叱れないから、組織全体として仕事への取り組みが甘いと思う」

同じA社のC部門のリーダーは、次のように感じていました。

「メンバー一人ひとりに、必要なタイミングで的確な指示を与えているし、進捗管理は私一人で厳しく行っている。うちの部門にはサブリーダーもいるが、他のメンバーより少し仕事ができるくらいだし、部下への指示や命令は私が行えば十分だ。私が細かく業務管理をしているから、各自、それなりの結果は出せていると思う」

B部門とC部門は同じ会社でありながら、リーダーの指導の仕方も業務管理の仕方も全く異なっていました。そして当初は、個人に対して細かい指示や命令を出し、しっかりと業務管理を行っているC部門の方が、組織としてよい成果を上げていたのです。

ところが一年後、この二つの部署の間に、大きな違いが生まれていました。B部門はサブリーダーが育ち、現場のリーダーとしての役割意識や責任を持って業務管理を行うようになっていました。部下への指示や命令の出し方も明確で、叱るべきときには叱れる強さを併せ持って、リーダーシップを発揮するようになったのです。それによって、部門内の一人ひとりのパフォーマンスも高まり、結果的に部門全体の業績も上がっていたのでした。

しかしC部門では、当初はうまくいっていた業務管理も、あまりの細かさ、厳しさのために、メンバーの間にやらされ感や負担感が募り、個人のモチベーションも下がってしまいました。中には退職する者も出始め、部門全体にマイナスの雰囲気が蔓延し、結果的に業績も下降線をたどるようになったのです。

B部門とC部門、同じA社の組織でありながら、ここまで差が生じてしまったのはなぜでしょうか？　その原因は、部門のリーダーのES（社員満足）に対する考え方や取り組み方の違いにあります。

B部門のリーダーは、現場レベルの意思決定や業務管理の権限は、できる限りサブリーダーに委譲し、自らは部門としての「明日の仕事」に集中して取り組む時間を確保しようとしていました。そのため慣れない当初は、サブリーダー以下、部門内に混乱が生じ、指示や命令、業務管理がスムーズに行われない状態に陥ってしまったのです。当然、個人のパフォーマンスは下がり、組織としての業績も一時的に降下しましたが、次第にサブリーダーが成長して組織の体制が安定し、それぞれが自らの役割を遂行する状態になったので、一年後には業績向上という結果をもたらしたのです。

しかしC部門では、サブリーダーという存在がありながら、リーダー自ら現場に入り込み、メンバー一人ひとりの行動まで管理しようとしたため、組織内のモチベーションが下がってしまいました。業務が忙しくなれば、リーダー自身の業務のキャパシティーも超えますから、組織の体制にひずみが出てしまいます。部下にとっては、仕事の意義や働く目的を見出すことができなくなり、次第に辞める者まで出てくるといった事態が生じてしまったのです。

B部門のリーダーには、サブリーダー以下、部下に対する強い「信頼感」がありました。また、お客さまからいただいた喜びの声を伝えたり、目標達成の喜びを部門全体で共有するなど、部下に「感動」する機会を与えていたのです。結果として、部門全体のESは高まり、メンバー一人ひとりが高いパフォーマンスを発揮して組織の業績向上へと結びついたといえます。

会社と社員の成長段階に表れる問題とは?

会社や上司からの「信頼」は、やがて部下から上司・会社に対する「ロイヤリティー」へと変化します。また、仕事を通して得られる「感動」は、次の行動を起こす強い**「モチベーション」**として働きます。このような「信頼」や「感動」を部下にもたらすリーダーの行動が、組織のESを向上させるためには必要不可欠なのです。

企業の組織を「花壇」に例えるとしたら、その組織の中で働く社員は、まさに花壇で育つ「花」といえます。経営理念が浸透し、会社や上司から「信頼」「感動」という栄養分を与えられた豊かな土壌のもとで、社員=花は、太陽という「ビジョン（会社の経営ビジョン、個人のキャリアビジョン）」に向かってしなやかに伸びていきます。そして、「金銭的報酬」や「心の報酬」による動機づけによって、花の強さは増していくのです。

さらに、花が育つために必要不可欠な水分の役目を果たすのが、「コミュニケーション」です。会社は、花が十分に水分を吸収して成長できているかを常にチェックし、花壇の一本一本の花に水分が行きわたるように取り組んでいかねばなりません。そのために、花壇全体にスプ

図23 会社の成長と問題症状

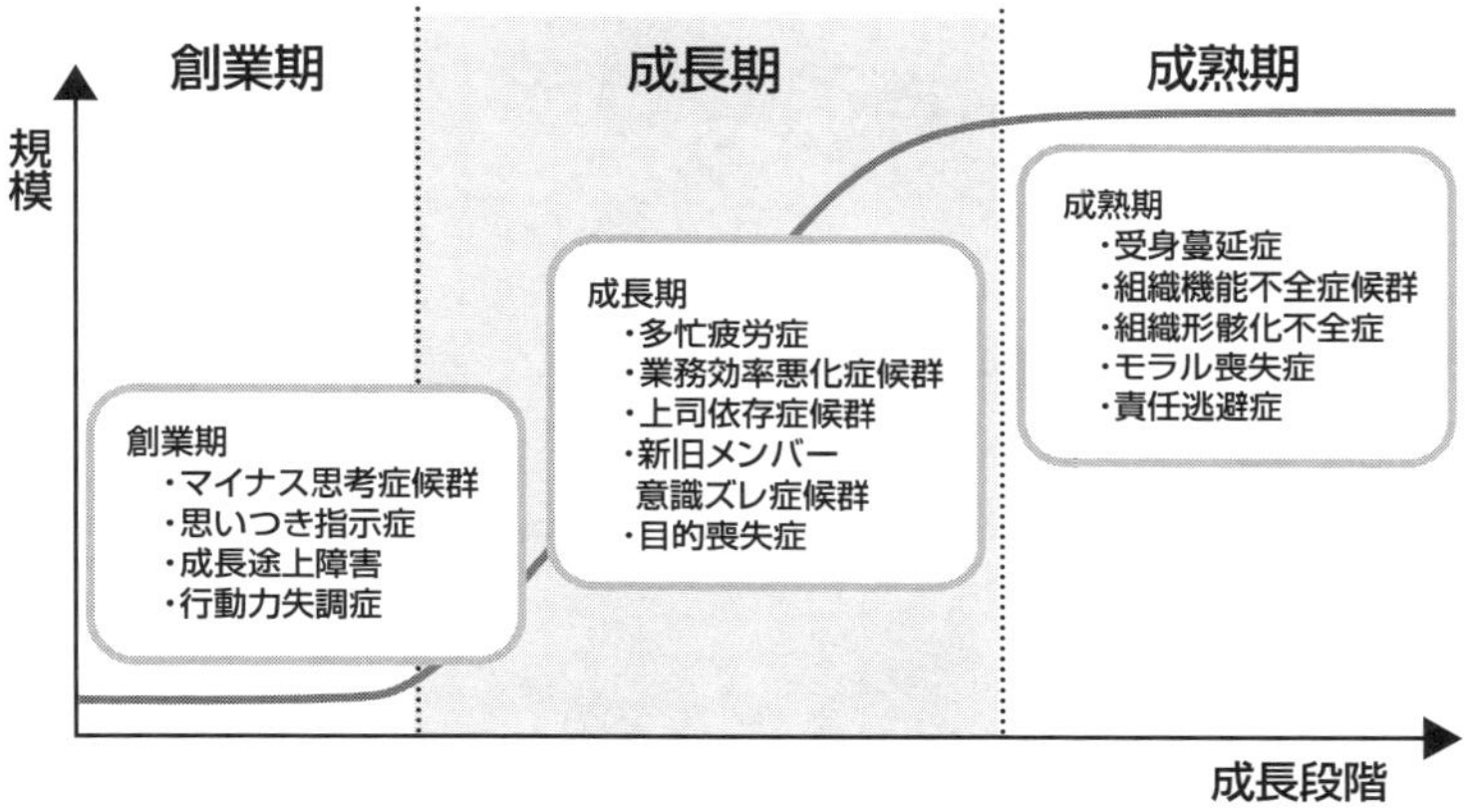

リンクラーで水を撒く仕掛けを施したり、ときにはじょうろで一本ずつ水をかけていったり、水分を常にチェックし、コントロールしていく「水分＝コミュニケーションの見張り役」が必要なのです。そして、その重要な責任を担っているのが、組織のリーダーであるといえます。

会社が成長するにつれて所属する社員が増えていくと、組織内のコミュニケーションが複雑になっていきます。この過程はまさに人の成長段階と同じで、急激な成長の過程に生じる「成長痛」と似た状態が組織にも生じてしまうのです（図23参照）。

人間の身体は成長している段階で無理な負担をかけてしまうと、骨に痛みが走り、ときには運動や日常生活に支障を来してしまうことがあります。会社の場合も同じで、急激な会社規模の拡大や人員増加によって、組織に過度な負担

図24 キャリアステージ

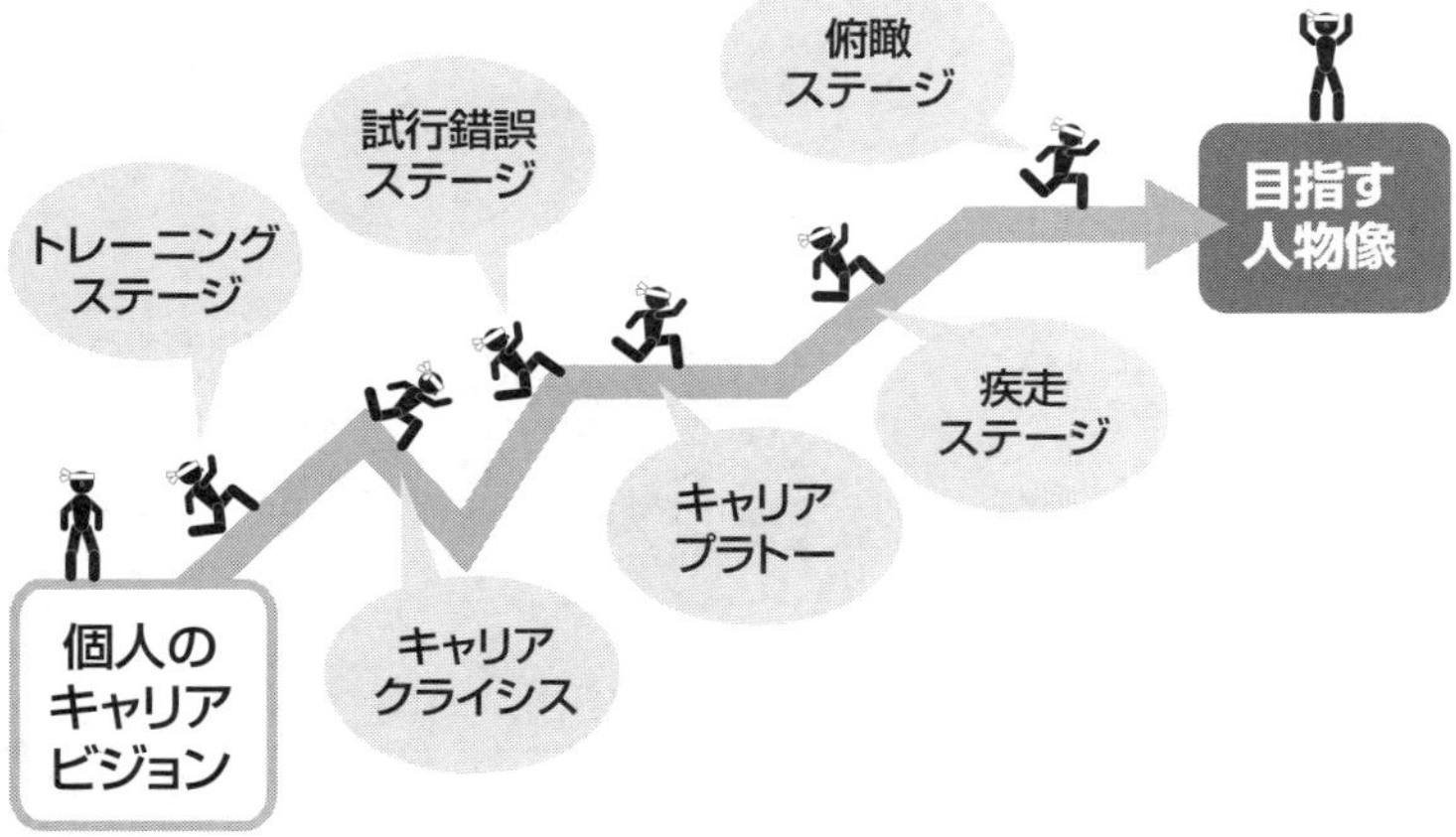

がかかると、成長痛と同様、「コミュニケーション不全」や「社員間の意識のズレ」などの悪い兆候が見られるようになるのです。

アメリカのある行動科学者が企業に対して行ったヒアリング調査によれば、「会社の業績に貢献する取り組み」として最も高い回答を得たのは、「コミュニケーションの改善」でした。「職場環境の充実」だとか「施設・設備の充実」などではなく、組織内のコミュニケーションをよくしていくことが、業績の向上に結びつくと考えている会社が多かったのです。

組織に所属する人が多くなるほど、「人と人とがかかわり合う」場も増え、相手とのコミュニケーションなしで仕事をすることはほとんどなくなります。そのため、「花壇の花」の話で触れた通り、「花＝社員」にとって必要不可欠な「水分＝コミュニケーション」が組織全体に行きわたるようにリーダーがしっかりと管理していかないと、花がしおれてしまったり、枯れてしまったりしてしまうのです。

さらに、会社の成長段階と同様、そこで働く個々の社員にも「成長段階＝キャリアステージ」（図24参照）が存在します。「企業の成長・安定」と、「個人の成長・安定」が同じスピードで同じ方向に向かって進んでいけば何も問題は起きませんが、キャリアステージの形や質は人それぞれ異なります。企業と個人、それぞれが進む成長段階の間にひずみが生まれてしまうと、組織の中にさまざまな問題症状が生じてしまうのです。

一つの会社に対して、そこに属する社員は数人から数百人、数千人まで、さまざまです。当然、それぞれが異なるキャリアステージを持っているわけですから、ひずみをなくして同じ方向に進ませるのは非常に困難なことです。しかし、そのひずみが生じないように潤滑油として働くのが「コミュニケーション」であり、それぞれのキャリアステージを把握しながら、ときには方向性の確認や軌道修正をしてあげるのが、リーダーの務めであるといえるでしょう。

リーダーをESトレーナーとして育成する

リーダーの役割は「部下の笑顔を管理すること」です。では、部下の笑顔とはどこから生まれてくるのでしょうか？　それは、企業のビジョンに対するワクワク感や、仕事を通した感動、喜びから生じます。

あなたの会社にも、経営理念や行動基準があるはずです。それらに基づくビジョンを、リーダーは示していますか？　また、お客さまからの感謝の気持ちを実感する場や、仲間と共に目標を達成する体験を部下に与えていますか？　今、業績を上げている会社は、理念や価値観、ビジョンを社員の仕事レベルにまで落とし込み、部下が自ら考えて行動できるレベルまで浸透させています。

組織に「コミュニケーション」を行きわたらせ、個人には「心の報酬」をもたらす、そして組織の適正化をはかりながら、社員の仕事を通じた成功を願って一人ひとりに笑顔をもたらすことが、ＥＳトレーナーの使命であるといえます。

組織の問題症状を改善するためのESマネジメント施策とは

会社の成長段階と個人のキャリアステージとの間にひずみが生じると、組織にさまざまな問題が起こることがあるということを、繰り返し述べてきました。では具体的に、ＥＳトレーナーは自ら現場のリーダーとして、これらの問題をどう改善し、組織全体のパフォーマンスを向上させる取り組みを行っていけばいいのでしょうか。

例えば、成長期の会社であれば、創業メンバーと新メンバーとの間でものごとの価値観や仕事の意義などに関して、捉え方にギャップが生じる場合があります。このために、新旧メンバーの間のコミュニケーションが少なくなり、新メンバーの定着率の低さや、創業メンバーのリーダーシップの弱さなどが顕在化することもあります。

この場合、ESトレーナーであるリーダーは、「会社と社員の懸け橋」として組織と個人、両方に働き掛けながら会社のESを高めていくことが求められます。そのためには当然、ESトレーナー自身が、会社の理念や方向性を理解し、自らの言葉でそれらを伝えられるようにならなければなりません。また、現状とあるべき姿とのギャップを把握し、それを埋めるための具体的な行動を、日常の仕事に落とし込んで伝えていかねばなりません。

経営理念が会社の存在価値や目的を表したものであるとすれば、経営ビジョンはその目的を遂行するための目標を示したものであり、さらにそれを具体的行動に落とし込んで表したものが「行動基準」であるといえます。ESトレーナーであるリーダーが、組織のESを高めるという役割を果たすためには、この「行動基準」を自ら作り上げることが非常に有効な施策となります。そして、この「行動基準」は具体的には、次のような流れで策定していきます。

①リーダー各自が、社員として業績を上げるために必要であると思われる顕在化された行動特性をランダムに抽出する

②各リーダーが抽出した項目を、KJ法（収集した多くの情報を、一定の意味づけを与えて分類・統合しながら、一つのイメージを構成する方法）によってまとめていく

③整理された項目ごとに行動基準としてタイトルをつける

④リーダー間で検討し、企業として共有すべき項目を五～七項目程度にまとめ、定義を策定する

このようにリーダーが自ら自社の社員として求められる行動基準を考えることで、経営理念やビジョンを理解し、日常の仕事の中で具体的行動として部下に伝えることができるようになります。

さらに成熟期の会社となると、組織内のコミュニケーション不全がさらに顕著になり、一方的な情報発信や、仕事に対する受け身な姿勢が目立ち、組織としての機能が低下する場合があります。そこでESトレーナーが行うべきなのが、「報告・連絡・相談（ホウレンソウ）」の見直しです。

「報告・連絡・相談」とは、受け手と発し手の両面から解決しなくてはならない問題です。つまり、「報告・連絡・相談」は、「上司の責任範囲」と「部下の責任範囲」の二つに分けて改善していくべきテーマなのです。

部下としては、「報告」は義務、「連絡」は情報共有のための手段、「相談」はそれによって互いに相乗効果をもたらす手段です。ですから、部下には当然行うべきものとして「報告・連絡・相談」を習慣化させ、それを受ける上司も、業務多忙を原因に後回しにしたり、何となく聞いて終わり、といったことがないようにしなければなりません。また、上司としては、「指

示・ヤル気、学習・意思決定・目的」の五つを徹底して部下に伝えていく必要があります。

指示……的確な指示、つまり、いつまでにその仕事を終えるのか、途中報告をどのように行えばいいのかを、上司は部下にしっかりと伝えなくてはいけません。

ヤル気……部下の置かれている立場を上司が理解し、部下の意欲を喚起するよう配慮することが大切です。

学習……本人がやりたくてもできない業務であれば、上司自らが指導したり、仕事をしてもらう前に本や資料で予習してもらうよう指導することも必要です。

意思決定……部下が判断で迷っている場合は、上司は意思決定を促したり上司自らの判断基準を示してあげることも大切です。

目的……そして、何よりも大切なことは、何のためにその仕事をするのかという意義をしっかり伝えることです。

これらの五つをまとめて、「指示（ジ）・ヤル気（ヤ）・学習（ガ）・意思決定（イ）・目的（モ）＝ジャガイモ」といい、「部下のホウレンソウ」と「上司のジャガイモ」の調和が必要であることを、伝えていかなければなりません。

また、「報告・連絡・相談」については、次のようなプログラムで教育研修を行うと効果的です。

報告・連絡・相談研修プログラム

1. 報告、連絡、相談はなぜ必要なのか
2. 報告＝義務、連絡＝情報共有、相談＝相乗効果
3. (個人演習) 日々のホウレンソウ事項の抽出と振り返り
4. (グループ演習)
 ・個々のホウレンソウ事項の発表
 ・重要度、緊急度の違いについて
 ・○○会社としてのホウレンソウのあるべき姿とは (討議)
5. グループ討議

日々の「報告・連絡・相談」のあり方を振り返り、棚卸しをしながら、互いの考え方を共有し、会社としての理想的なホウレンソウのやり方をまとめ上げていくのです。

会社が考えた戦略・戦術を実行するのが組織の役割であるとすれば、それらをさらに現場レ

ベルにまで落とし込み、組織に属する個々の社員が高いパフォーマンスを発揮できるよう動機づけしていくのがリーダーの役割です。その動機づけは、金銭的報酬だけではなく、こころの報酬によっても行うことができます。

それはつまり、

「ESの向上が個人のパフォーマンスを高め、組織を活性化させ、組織全体のパフォーマンスの向上につながる。それがさらに、サービスの質・付加価値の向上につながり、顧客満足（CS）が高まる。そしてCSの向上が他社との差別化・リピーターの増加をもたらし、結果的に会社全体の業績向上につながる」

ということなのです。

このES→CS→業績向上のサイクルを、リーダー自身が理解し、自らESトレーナーとして実践していくことがとても重要なのです。

第11章

これからの時代に必要とされる人事戦略とは

多くの会社で人事制度の構築・運用をお手伝いさせていただいている私たちが、社長のぼやきとして一番よく耳にするのは、「なぜ社員はこんなことに気づかないのか。それに気づけばもっとレベルアップできるのに」という言葉です。逆に、社員からは「私たちがこれだけのことをやっているのに、社長は現場がわかっていないよ」というあきらめに近い不満を聞きます。

どちらの意見も、片側の話だけ聞いていると、「なるほど、そうですね」と納得してしまうような意見ばかりです。社長も社員も仕事というものを、人生において大きなウエイトを占める重要なものとして考えています。だからこそ、今の仕事に対してしっかりとした意見（たとえそれが不満であっても）を持つのでしょう。

会社（＝社長）と社員には、会社を経営する者とそこに雇われて働く者という絶対的な立場の違いがあります。しかし、この二者の不満の根本にあるものは、まったく同じ気持ちなのです。それは、「相手がわかってくれない」ただそれだけです。

自分の思いが相手に伝わらないとき、あなたならどうしますか？　「これだけ伝えようとしても、わかってくれないあの人はひどい人だ」とあきらめて、その人を嫌いになりますか？それとも「自分の伝え方がまずかったのかな。相手に伝えようとする思いが足りなかったのかもしれない」と思って、違う方法で自分の思いを伝えようとしますか？

「すべての原因は自分にある」といった社長がいます。その社長は、何かがうまくいかなかったとき、決して卑屈になるのではなく、自分に何が足りていなかったかを考えてみるのだといいます。人が集まってつくる組織の中では、一人ひとりが相手を理解しようとしなければうまくいくわけがありません。そして、その組織には、必ず共通の「思い」がなければ同じ方向に進んではいけないのです。

会社でいえば、その「思い」は経営理念になります。この一つの「思い」を軸に、会社と社員がお互いのことをわかり合えれば、その会社はどんなことでもどんな問題でも解決できる組織となるでしょう。会社も社員も、決して相手に「思い」を伝えることをあきらめてはいけません。現実的にはどうしても埋まらない溝もあるでしょう。しかしできる限りの手段を使って、「思い」は伝えていかないといけないのです。

本書の目的は、「会社が成長して儲けを生み出していくためには、どのような人事戦略を取ればよいか」を伝えることです。会社が成長するということは、結局そこで働いている社員が成長することに他なりません。

私たちは、人は仕事を通じて成長するものだと考えています。人は仕事をすることで、人生において重要なことを一つひとつ学ぶことができるのです。会社は社員にそのことを、人事制度の「7つのしくみ」を通じて伝え、共有していかなければいけません。

いい会社には、仕事もできるし人間的にも信頼できるスーパー社員がいます。そういう社員は、仕事に関する知識や技術以前に、仕事をするうえで大切な土台ができているのです。だからこそあとから身につけた知識や技術をすぐに生かすことができるのです。会社はそういう社員を生み出し、経営理念を伝え、ともに前進していくべきなのです。

社員満足（ES）という言葉を多用してきましたが、皆さんにはもう真の社員満足とは何か、ご理解いただけていると思います。本当の社員満足を与える仕事とは、決してその場限りの「ラクな仕事」「割りに合ったいい給料がもらえる仕事」「福利厚生が充実していて、仕事以外の特典が多い仕事」ではありません。その社員の人生にとって得るものが多く、そしてその社員自身がそのことに気づき、ヤル気と感動を持って仕事にあたれる職場こそが、真に社員満足のある職場といえるのです。

社員が成長し、自律して仕事ができるようになってくると、さらなるステップアップのために転職、あるいは独立を考えるケースがよくあります。しかし、本当にやりたい仕事が今いる会社でできるのなら、そして報酬、その他の処遇や条件も納得のいくものであれば、社員はリスクを冒してまでそのような行動に出る必要などありません。個人として「自律」することと、「組織」として行動することは、ある意味対極に存在するものです。

その対極なものを結びつける方法が一つだけあります。それが、経営理念を軸とした、会社と社員の「思い」の共有です。そして、そのような組織で働き、何かを達成したときには、言葉ではいい尽くせないほどの達成感と感動を皆で共有することができるのです。

最後に一つ、私どもが人事制度の構築と運用のお手伝いをしたある会社を紹介しましょう。ここにその会社の組織診断結果のグラフがあります（図25）。このグラフの横軸は、社員個人

図25 個人特性

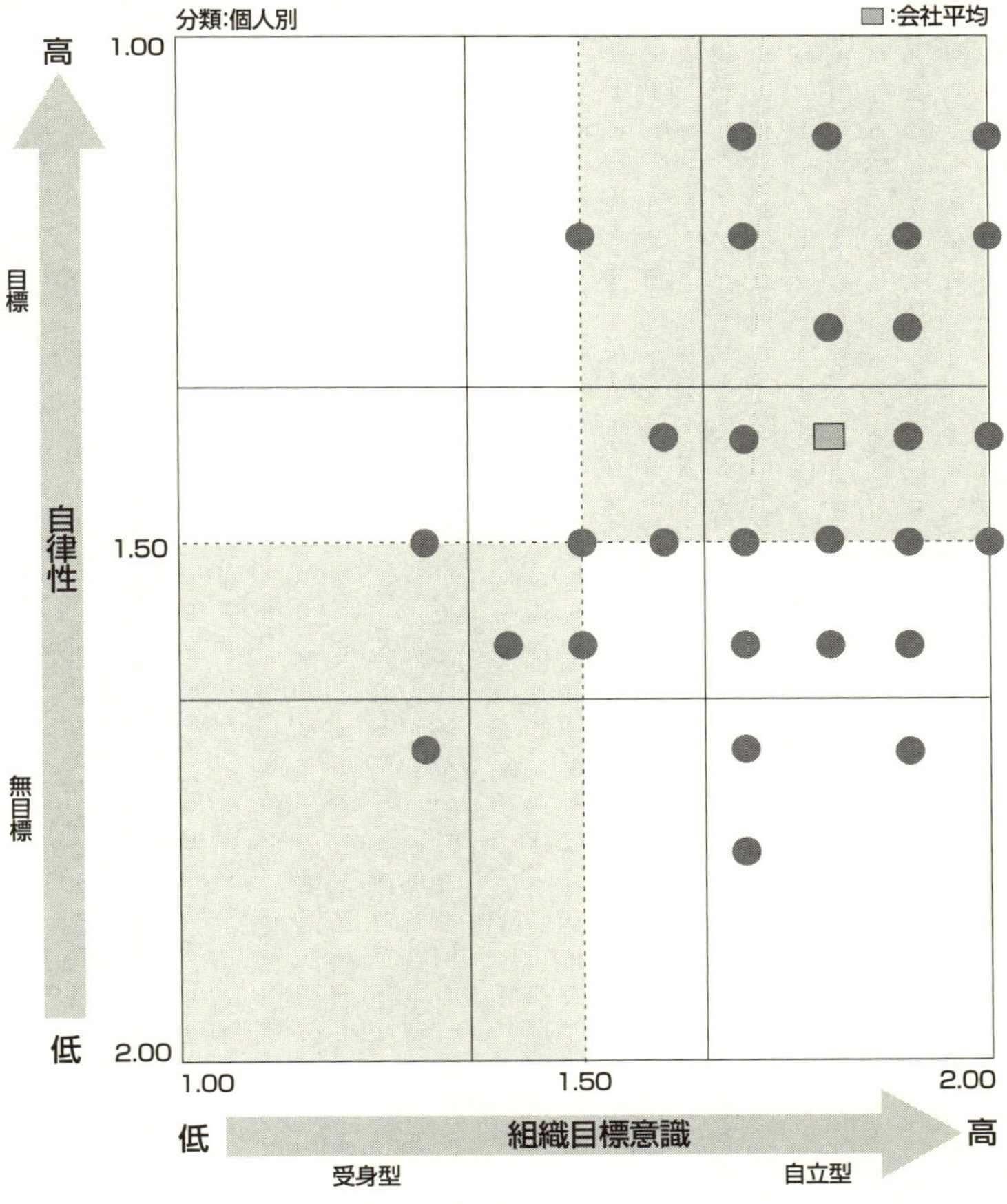

※この組織のメンバーは自信を持ち、仕事に対して目標意識を持って積極的に努力をしていると考えられます。心身のバランスもよく、前向きなメンバーが多いと考えられます。

(有)人事・労務開発ソフト「人材士」より

がどれだけ会社の組織目標を意識しているかを表しています。そして縦軸は、社員個人がどれだけ自律して会社の仕事に取り組んでいるかを表しています。この表を見れば、この会社の社員は自律しながらも、会社の目標を意識して日々の仕事にあたっている人が多いということがおわかりいただけると思います。

いうまでもありませんが、この会社は社員全員が経営理念のもと一丸となって急成長を遂げています。この会社のような組織づくりが実現したとき、会社と社員はＷＩＮ－ＷＩＮの関係になれます。これからの時代はこのような会社が伸びていくのであり、社会に必要とされるのです。そして、その鍵は、「７つのしくみ」を使った会社と社員の「思い」の共有にあるのです。

【参考文献】

本書発刊にあたっては開業当初からご指導をいただき、私が所属するＪＩＰグループを主催する、株式会社日本人事総研代表取締役の岡田勝彦先生に推薦していただくと共に、以下の文献を参考にさせていただきました。

『企業経営に活かす人事制度策定マニュアル』　著／㈱日本人事総研　代表取締役・岡田勝彦　発行／日本法令

『月刊総務２００４年１月号』巻末実務マニュアル　発行／ナナ・コーポレート・コミュニケーション

㈲人事・労務　代表取締役　矢萩大輔

矢萩　大輔（やはぎ　だいすけ）

有限会社人事・労務　代表取締役
社会保険労務士
組織活性コンサルタント
明治学院大学卒業後、大手ゼネコン勤務を経て、1995年、26歳で社会保険労務士として開業。社会保険労務士の枠を超え「組織のワクワクをコンサルティングする」をサービスコンセプトに有限会社人事・労務を立ち上げ、人事・キャリアコンサルタント集団であるPALMグループを主催。ＥＳ（社員満足）トレーナーや社内ルールクリエイターなど組織活性化のための新しい施策を高く評価され脚光を浴びている。分かりやすい語り口と斬新な考え方でUSENビジネス・ステーションにてナビゲーターを務めるほか、多数の講演・コンサルティングを行っている。

畑中　義雄（はたなか　よしお）

有限会社人事・労務チーフ人事コンサルタント
社会保険労務士
関西大学法学部卒業後、卸売り専門商社の営業職を経て2002年より現職。「ＥＳ向上型人事制度」など、オリジナルの人事制度構築を数多く手掛ける。IPO実現のための人事制度・規定整備支援、上場企業の分社化（ＨＤ化）における人事コンサルティング、労働基準監督署の労務監査対応なども数多く経験し、その現場を熟知したセミナーは、具体的でわかりやすいとの定評を得ている。書籍、各種雑誌での執筆多数。

瀧田　勝彦（たきた　かつひこ）

有限会社人事・労務チーフコンサルト
特定社会保険労務士
立教大学法学部卒業後、大手ゼネコン会社、リゾートホテル勤務を経て、現職。中小企業を中心に人事制度、賃金制度の構築・運用を手がけている。また、労務管理全般において、労働基準監督署の是正勧告の対応、就業規則等社内規程の整備、給与計算や社会保険の手続きのアドバイスなど中小企業が苦手としている人事スキームの整備を通して、実務面でも企業運営をサポートしている。

金野　美香（きんの　みか）

福島大学行政社会学部行政学科卒業後、有限会社人事・労務にて、日本初のＥＳ（従業員満足）コンサルタントとして、企業をはじめ、大学、商工団体で講師を務めるなど幅広く活動する。「会社と社員の懸け橋」という信念のもと、独自に編み出したＥＳ向上プログラムや、組織活性度診断「人財士」を活用したやる気アップ研修、リーダー向けコーチング、若手社員のキャリアサポート、業績アッププロジェクトの立ち上げなどに取り組む。「社長のおもい」を社員と共に理解し、本人達に気づきを与える施策として定評を得ている。

有限会社人事・労務

現在社長を務める矢萩大輔が、金無し、コネ無し、人脈無しの状態から、1995年に都内最少26歳で開設した社労士事務所が母体となり、1998年に人事・労務コンサルタント集団として設立。企画・開発した賃金設計シミュレーションソフト「賃金士」は、中小企業を中心に業界ナンバーワンの350本以上の販売実績を誇る。企業の人事・労務管理、賃金・評価制度の構築・運用コンサルティングから、組織診断ソフト「人財士」を活用したＥＳ（従業員満足）向上のための支援など、幅広く企業の活性化のためのコンサルティングを行っている。

■有限会社人事・労務
〒111-0036東京都台東区松が谷3丁目1-12　松が谷センタービル5F
TEL：03（5827）8217　FAX：03（5827）8216
ULR：HTTP://www.jinji-roumu.com　e-mail：info@ jinji-roumu.com

［所属団体］
東京都社会保険労務士会
日本賃金学会
JIPCLUB
＊JIPCLUBは日本人事総研の会員組織であり、代表の矢萩が賃金を学んだ団体です

Nanaブックス
0040

儲けを生み出す人事制度7つのしくみ

2006年４月７日　初版第１刷発行
2012年11月４日　第５刷発行

著　者 ―――有限会社人事・労務
矢萩大輔・畑中義雄・瀧田勝彦・金野美香
発行者 ―――林　利和
発行所 ―――株式会社ナナ・コーポレート・コミュニケーション
〒160-0022
東京都新宿区新宿1-26-6　新宿加藤ビルディング5F
TEL　03-5312-7473
FAX　03-5312-7476
URL　http://www.nana-cc.com
※Nanaブックスは(株)ナナ・コーポレート・コミュニケーションの出版ブランドです

印刷・製本 ―株式会社厚徳社
用　紙 ―――株式会社邦友

ISBN 978-4-901491-44-0　C0034